ゼロから始めて2時間で 一生困らないマネープランができる本

株式会社 Money＆You

マネーコンサルタント
頼藤太希

ファイナンシャルプランナー
高山一恵

彩図社

はじめに

みなさんもご存知のように、ここのところ、大きな出来事が続いています。毎年のように起こる災害、異常気象、そして2020年初頭から始まった新型コロナウイルスの世界的蔓延……世界経済も私たちの生活も大打撃を受けています。

このような状況の中、これまでお金のことに興味がなかった方も、お金と真剣に向きあう機会が増えたのではないでしょうか。

とはいえ、先行き不透明な中でも、自分の人生を思いきり謳歌したいですよね。

そのために必要なのが**お金の知識と計画**です。

私はファイナンシャルプランナー（以下FP）として多くの方の家計の相談に乗っていますが、自分の人生を謳歌している方は共通して、お金と付き合うことが上手です。

お金の知識があれば、病気やケガ、リストラなど、人生のアクシデントが襲ってきたときでも、スムーズに乗り越えられる可能性が高いでしょう。

こんなことを書くと、「貯蓄もほとんどできないし、家計簿をつけるなんて無理だし、お金のことは苦手だからダメかも……」と思ってしまう方もいるかもしれません。

でも、大丈夫です！

なぜなら、お金のことが大の苦手だった私でも、結婚などの人生のイベントを通してお金と向き合い、知識を身につけ、使いどころ・貯めどころを理解し、お金の増やし方が上手になったことで、順調に資産は増えているからです。


そして、**みなさんにもぜひ資産を増やしてほしい**と思っています。

本書には、そのための具体的な方法を詳しく書きました。

ポイントは、「**自分だけのマネープランを立てる**」ことです。難しそうに感じるかもしれませんが、じつは2時間でできます。本書を読み進んでいけば、最後にはオリジナルのプランが完成しているはずです。そして、そのためのノウハウも吸収できています。

お金と人生は切っても切り離せません。お金の知識と計画があれば人生は充実します。

みなさまにとって本書が少しでもお役に立てば幸いです。

２０２０年9月吉日　高山一恵

もくじ

序章　今、日本で何が起きている？

1章　わが家のお金を「見える化」しよう

2章　家計のやりくりでこれだけ支出が減らせる

3章 貯め上手になるテクニックを一挙公開

4章 自分自身が働いて収入を増やす

5章 老後の収入を増やす

6章 お金に働いてもらう！ 資産運用基本の「き」

7章　コア・サテライト戦略で実践あるのみ

序章

今、日本で何が起きている？

1 給料は上がりにくく、退職金は減っている

働けば年功序列で給料が増え、老後は退職金で悠々自適の生活。そんな時代はとっくに終わりました。今は、働いても給料が上がりにくいうえ、もらえる退職金も年々減っています。

左ページ上のグラフは、労働者全体の賃金の増減を割合で示したものです。0％より多ければ増えたこと、少なければ減ったことを表します。もらえる給料の額を表す「名目賃金」は増えている年もあります。しかし、物価を加味した給料の額を表す「実質賃金」は、ほとんど名目賃金を下回っています。名目賃金より実質賃金が少ないということは、**給料は相対的に減っている**のです。

また、退職金の金額も減っています。大学卒の場合、1997年には平均で2868万円あった退職金が、20年後の2017年には1788万円と、実に1000万円以上減っています。高校卒の場合でも、近年の退職金が軒並み減少しています。

もらえる給料が減るほど、自由に使えるお金も減り、生活が苦しくなります。また、退職金が少ないほど、老後資金が少なくなってしまいます。**もう、「働いていればなんとかなるさ」などと、楽観的に考えていてもどうにかなる時代ではないのです。**

私たちの給料と退職金

賃金の動き（労働者全体）

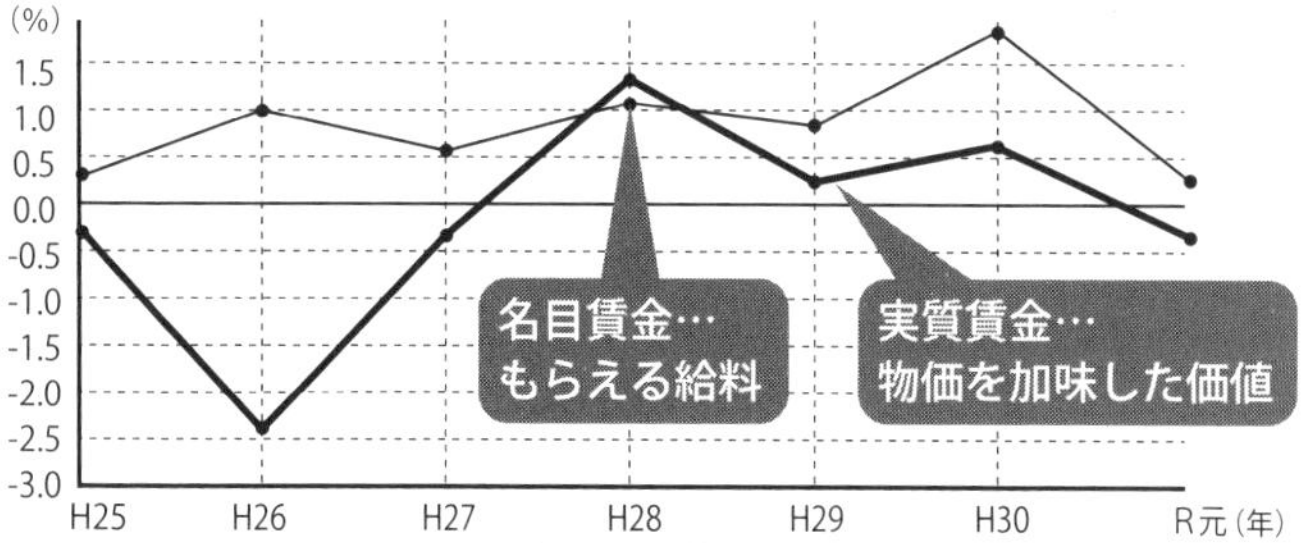

（厚生労働省「毎月勤労統計調査」令和元年分結果より作成）

名目賃金 > 実質賃金

↓

給料は相対的に減っている

退職金の移り変わり

（勤続20年以上かつ45歳以上の定年退職者）

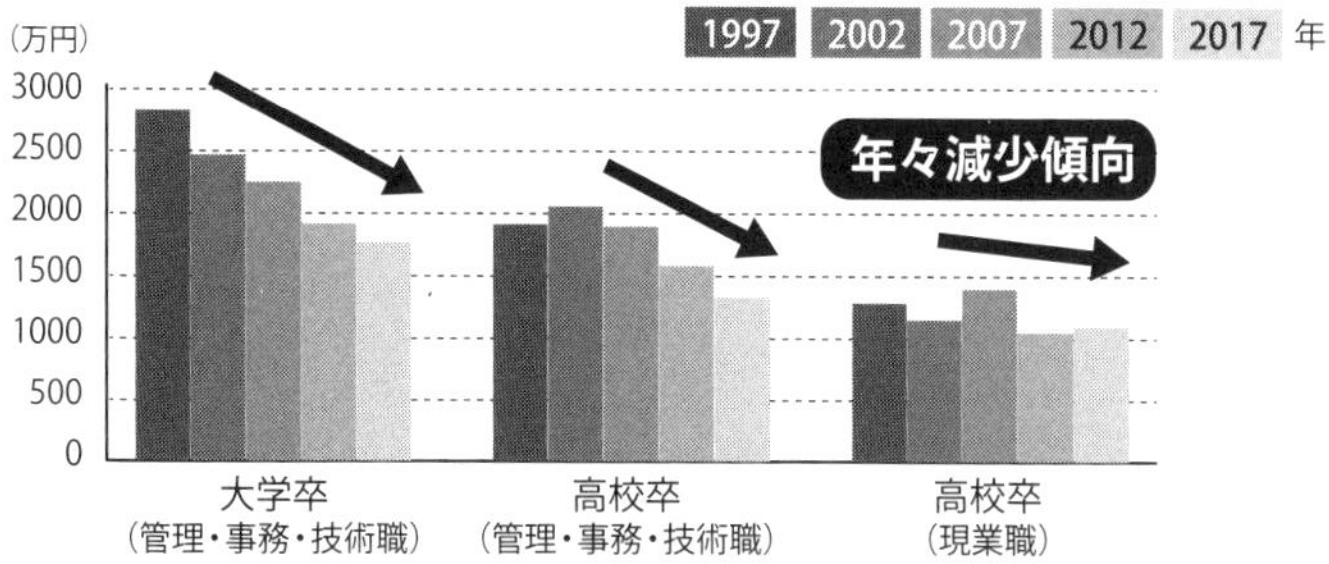

（厚生労働省「就労条件総合調査」より作成）

「働いていればなんとかなる」
という時代ではなくなった

2 老後資金2000万円はやはり必要

年金だけでは高齢夫婦無職世帯で月約5・5万円、高齢単身無職世帯で月約4万円不足し、老後資金が2000万円程度足りなくなってしまう……。2019年6月の金融庁の報告書がきっかけで、「老後資金2000万円不足問題」が話題になりました。

じつは、公的年金だけでは老後資金が不足するという話は、専門家の間ではよく知られていました。それが改めて話題になったことで、多くの人が老後資金のことを考えるようになりました。

前出の報告書は、2017年のデータをもとに作成されていましたが、2019年の最新データによると、毎月の不足金額が夫婦約3・3万円、単身約2・7万円になっています。これをもとに老後（65〜90歳の26年間）の不足額を計算し、病気や介護など、万が一のときのお金を1人800万円（42ページ参照）見込んで計算すると、やはり**夫婦で約2700万円、単身でも約1700万円程度は自分で用意する必要があります**。

とはいえ、用意すべき老後資金の金額は、人によって異なります。早くから準備すれば、必要以上に恐れることはありません。ただ、自助努力をしなければならないのは本当です。

年金だけで生活できるか？

高齢夫婦無職世帯の収入と支出

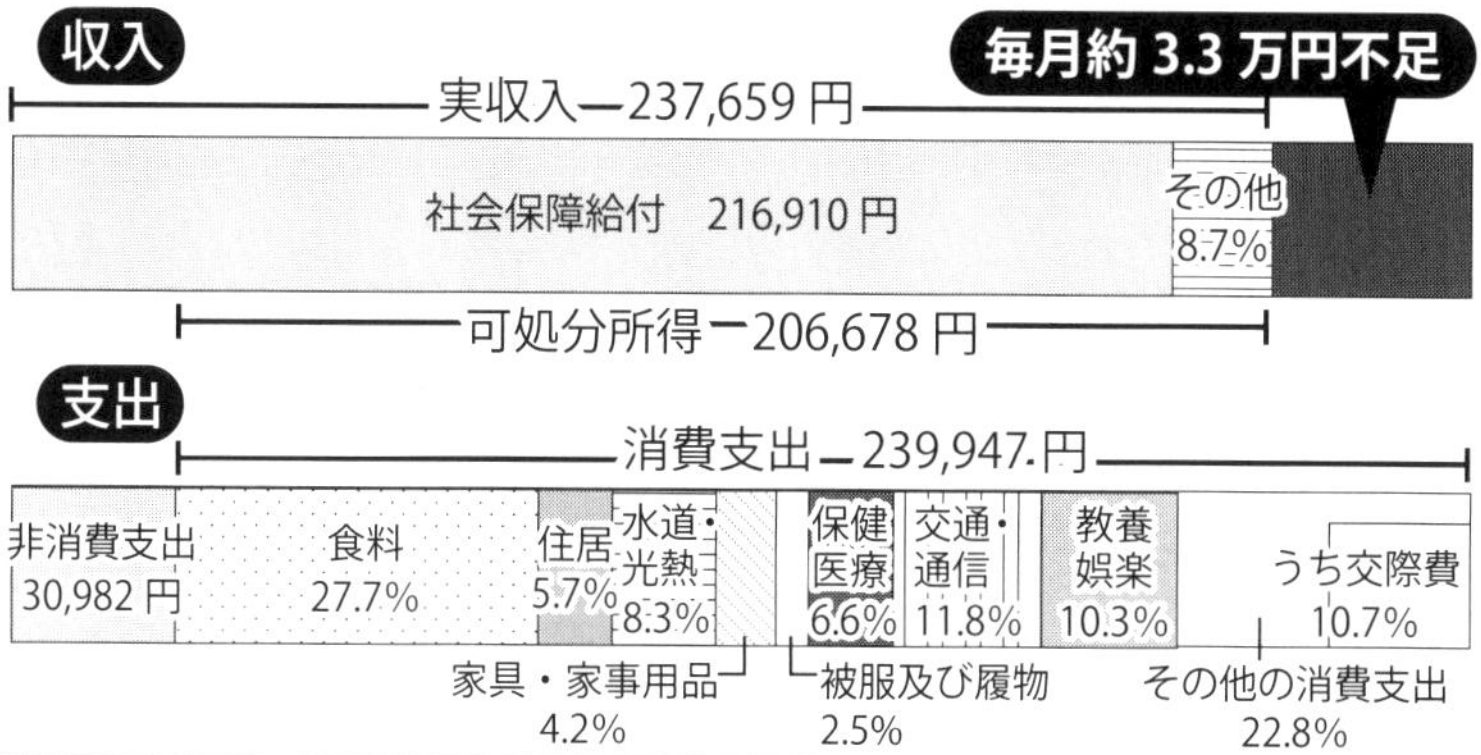

3.3万円×12ヶ月×26年＋800万円（万が一の費用）×2＝ **約2,700万円必要**

高齢単身無職世帯の収入と支出

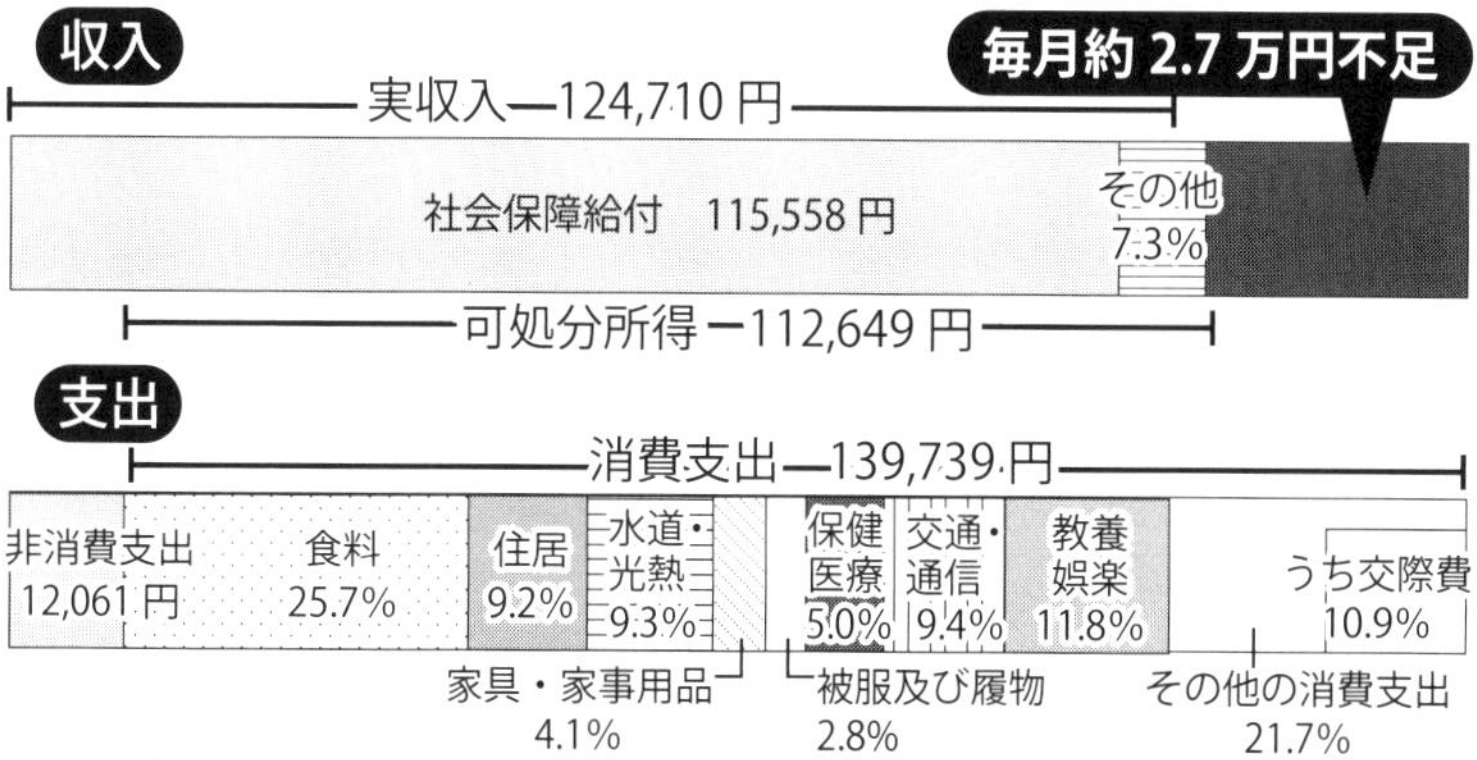

2.7万円×12ヶ月×26年＋800万円＝ **約1,700万円必要**

（総務省「家計調査報告」（2019 年）より）

年金だけでは毎月約３万円不足する

3 リモートワークで働き方が変わる

世界中で猛威を振るう新型コロナウイルスは、私たちの働き方も変化させました。みなさんの中にも、リモートワーク（在宅勤務・テレワーク）をした方がいるでしょう。都内企業（従業員30人以上）のリモートワーク導入率はすでに60％以上となっています。

新型コロナは厄介でしかありませんが、リモートワークにはメリットがあります。感染症の拡大防止はもちろん、通勤時間の有効活用、育児や介護などと仕事の両立などにも役立ちます。時間や場所にとらわれずに働けるので、自由な時間を増やすこともできるようになります。

リモートワークでは、時間に縛られることがないかわりに、結果が何よりも求められます。

リモートワークに必要なスキルには、コミュニケーションスキル、スペシャリストのスキル、期限内に結果をアウトプットするスキルなどが挙げられます。一人で作業する時間が増えるからこそ、上司や同僚との「報・連・相」が大切になりますし、常にみずから学んで専門性を身につける必要があります。そして、仕事の成否の判断材料になるのは結果、つまりアウトプットです。

これをポジティブに捉えれば、**結果を出せば高く評価される**ということです。

新しい働き方が始まった

テレワークを実施している社員の割合

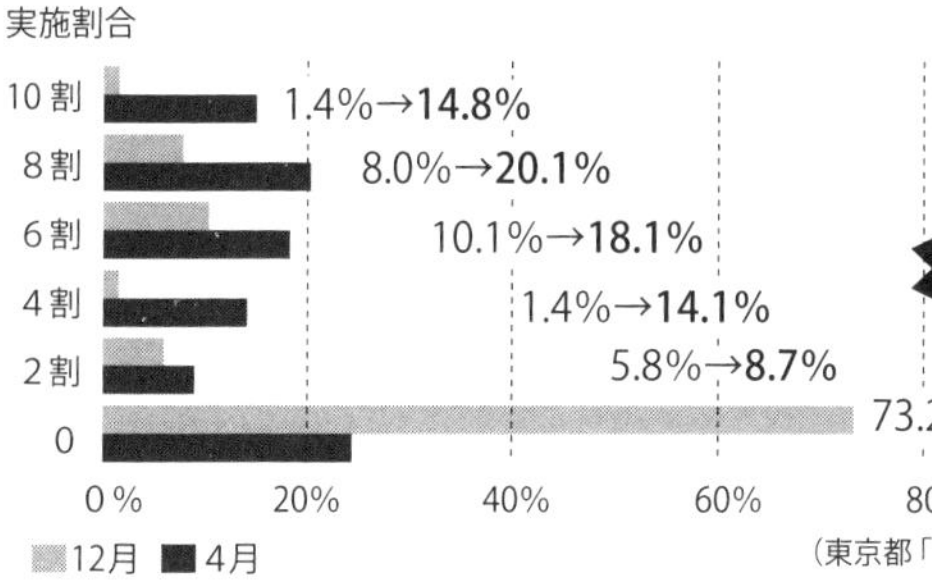

テレワークを実施する社員
約２割→約５割

テレワークが一気に普及した

（東京都「テレワーク「導入率」緊急調査結果」）

リモートワークに必要なスキル

①自発性

１人でも
作業に
集中する

②意識的に
コミュニケーションを
取る力

③期限内の
アウトプット

質の高い成果物を
出すことで評価される

④仕事と遊びを
区別する

メリハリをつけて
取り組むことで
成果も上がる

仕事に必要なスキルは変わり
より結果を求められるようになる

4 キャッシュレス決済は今後も増える

現金を使わずに支払いができるキャッシュレス決済が世界中で普及しています。しかし、先進国のキャッシュレス決済比率がおおむね40〜60％（2015年）となっているのに対し、日本は18・4％と低めにとどまっていました。

国は、キャッシュレスが広がることで生産性が向上すると考え、2025年にはキャッシュレス決済比率を40％にする目標を掲げています。2019年10月から20年6月にかけて実施された「キャッシュレス・消費者還元事業」では、対象の店舗でクレジットカード・電子マネー・スマホ決済を利用することで、購入金額の5％または2％の還元が受けられました。また、20年9月からはマイナンバーカードで、2万円で最大5000円分の「マイナポイント」が受けられます（98ページ参照）。こうした施策もあって、2019年のキャッシュレス決済比率は26・8％まで上昇しています。

便利なキャッシュレス決済は、これからも普及していくと予測されます。ですから、**現金では受けられないお得な特典が受けられる**キャッシュレス決済を使いこなしていくことがおすすめです。そうすることで、今よりもっとお金が貯めやすくなるでしょう。

決済方法の今後

各国のキャッシュレス決済比率の状況

（グラフは2015年のもの）

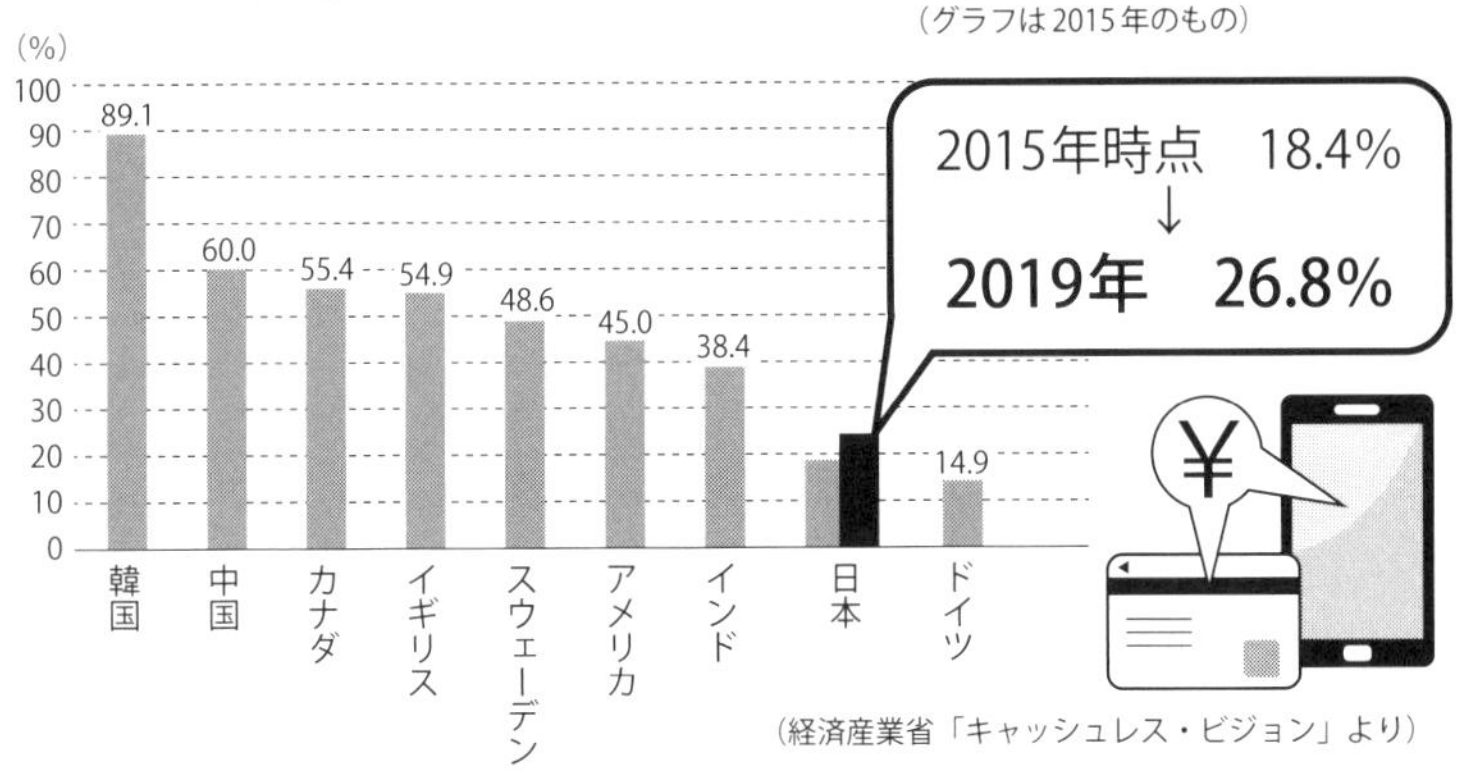

（経済産業省「キャッシュレス・ビジョン」より）

電子決済比率の変動予測

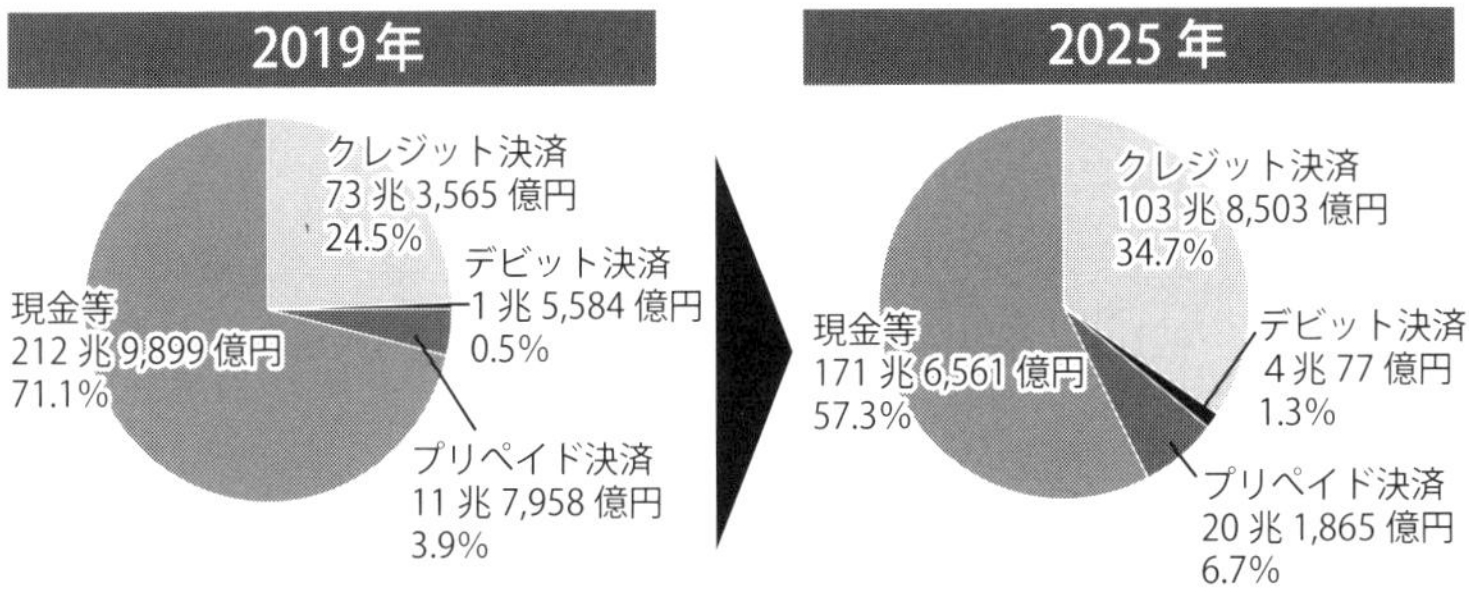

現金決済は減り、キャッシュレス決済が増える予想

（国内電子決済比率の変動予測〈2019年→2025年〉（出典：「電子決済総覧2019-2020」））

今後もキャッシュレス決済は増えるので使いこなせるようになろう

5 投資のハードルが低くなった

「投資」と聞くと、「ギャンブル」だとか「まとまったお金が必要」と考え、敬遠しがちです。

でも、現在の普通預金の金利は0・001％と超低金利なので、預貯金でただ貯めるだけではお金を増やすことが難しい時代です。ではどうすればいいのでしょうか。

答えは、**無理のない範囲で投資を学び、少しずつお金を増やしていく**ことです。「なんとなく怖い」と敬遠していたものでも、実際に経験すれば、なんとなく勝手がわかってくるものです。

また、昔と違って、まとまったお金がないと投資できないという世の中ではありません。ネット証券などでは、たったの100円から株式を買うことができます。お金を失うのが怖いという方でも、少額からであれば心理的なハードルも低くなるでしょう。さらに、最近では楽天ポイントやPontaポイントなどの**ポイントによる投資**もできるようになっています。

主なポイント投資は左図で紹介しています。ポイント投資や少額投資は、お金自身に働いてもらうきっかけ作りに役立つでしょう。何事もそうですが、最初の一歩が肝心です。始めてみることで見える世界が変わります。投資も「怖いもの」から「楽しいもの」に変わるはずです。

気軽にできるポイント投資

現金購入型（ポイントを現金に換え、金融商品を購入する）

楽天ポイント	楽天証券	すべての投資信託を購入できる。積み立ても可能。
Tポイント	SBIネオモバイル証券	1株単位で日本株を購入できる。月額200円（税別）の手数料がかかるが、ポイントで還元される。
松井証券ポイント	松井証券	自動積立がクレジットカード利用で貯まる。ポイントで3種の投資信託に投資できる。
インヴァストカードポイント	インヴァスト証券	クレジットカードの「インヴァストカード」のポイントが運用に回される。
トラノコポイント	TORANOTEC	提携するポイントやマイルを使って、3タイプのファンドに投資できる。

ポイント増減型（実際の株や投資信託と連動してポイントが増減する）

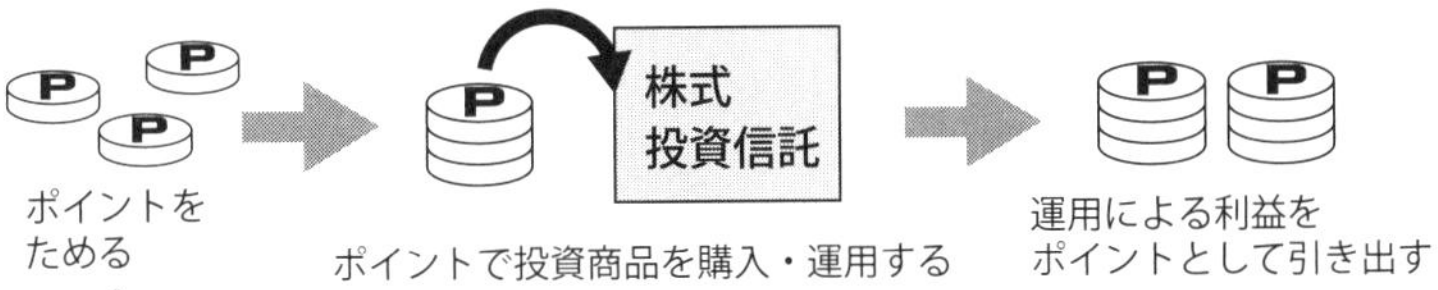

楽天ポイント（楽天証券）　Pontaポイント（ロイヤリティマーケティング）　dポイント（NTTドコモ）　など

楽しみながら
お金を増やしていく時代になった

6 国や自治体の支援制度はフル活用しよう

人生には時として予期しないことが起こります。大きなケガや病気になったり、災害や疫病の影響で収入が下がったり、なくなったりすることもあるでしょう。

そんなときにまず頼りたいのが、国や自治体の制度です。国や自治体には、**届け出ひとつで給付金や補助金がもらえる制度**がたくさんあります。こうした制度を使えば、生活の助けになることはもちろん、自分で用意する金額を減らせます。

たとえば、病気やケガをした場合には「傷病手当金」「療養補償給付」「休業補償給付」があります。収入が減少して住居費用が払えない場合は、「住居確保給付金」という制度もあります。一時的に資金が必要な場合は、「緊急小口資金」や「総合支援資金」といった、無利子で借り入れできる制度もあります。

大変ありがたい制度なのですが、中には案外知られていないものもあります。お住まいの自治体によっては、独自の制度を設けているところもありますので、ぜひ一度、役所のホームページで確認してみてください。

いざというときに頼れる制度

病気・ケガをしたとき

加入している
健康保険の
組合・協会

傷病手当金

健康保険に加入している人が業務外の病気やケガやで連続する３日間を含む４日以上仕事を休んだ場合にもらえる。

労働基準監督署

療養補償給付

労災保険に加入している人が業務中（通勤中も含む）のケガや病気になった場合、自己負担なしで治療が受けられる。

休業補償給付

労災保険に加入している人が業務中（通勤中も含む）のケガや病気で連続せずとも３日以上休んだ場合に４日目以降にもらえる。

収入が減少したとき

各地の
自立相談支援機関
相談窓口

住居確保給付金

休業や失業などで家賃が払えない場合に、原則３ヵ月の家賃相当額を受け取れる。地域ごとに収入と資産額の受給要件がある。

お住まいの
区市町村
社会福祉協議会

緊急小口資金

貸付額は学校等の休業や個人事業主等の特例の場合 20 万円以内、その他は10万円以内。無利子・保証人不要。1 年の据置期間があり、返済は２年以内。

総合支援資金

貸付額は２人以上世帯で月 20 万円以内、単身世帯で月 15 万円以内。保証人ありの場合無利子、なしの場合年 1.5%※。１年の据置期間があり、返済は10 年以内。

届け出をしなければもらえないので要注意

※新型コロナウイルスの影響による借入の場合、特例で保証人なしでも無利子

7 これからを生き抜くお金の知識とプラン

これからの時代を生き抜くためには、まず、自分自身が「どのような人生を送りたいのか」を明確にすることが大切です。自分の人生を考える際、大切なのは、あくまでも自分が理想とする人生を思い描くこと。世間体や常識にとらわれず、人生の散り際に「幸せだった」と思える、世界にひとつだけのオリジナルな人生を思い描くことです。

そんな人生を現実のものとするには、**お金の知識が必須**です。

というのも、人生とお金は切っても切れない関係にあるからです。人生が充実している人の多くは、お金の知識を身につけ、上手に活用することができています。お金の知識を上手に使い、理想とする人生を実現させるために、**マネープラン**を立てましょう。

マネープランを立てる際には、夢の実現に向かって、お金を貯める、増やすことを考えていきます。それと同時に、病気やケガ、リストラなど、不測の事態にも備えていく必要があります。

何事もバランスが大切！　攻めるだけでも、守るだけでも人生は味気ないものになってしまいます。攻守両方揃ってはじめてオリジナルな人生が可能になるのです。

これからを生き抜くために必要なもの

理想の人生を実現するために必要なもの

お金の知識
マネープラン
これらが
あれば…
周囲の環境や
ライフステージが
どのように変化しても
前に進める
自分で
自分の人生の選択肢を
持つことができる

「攻め」と「守り」の両方を考える

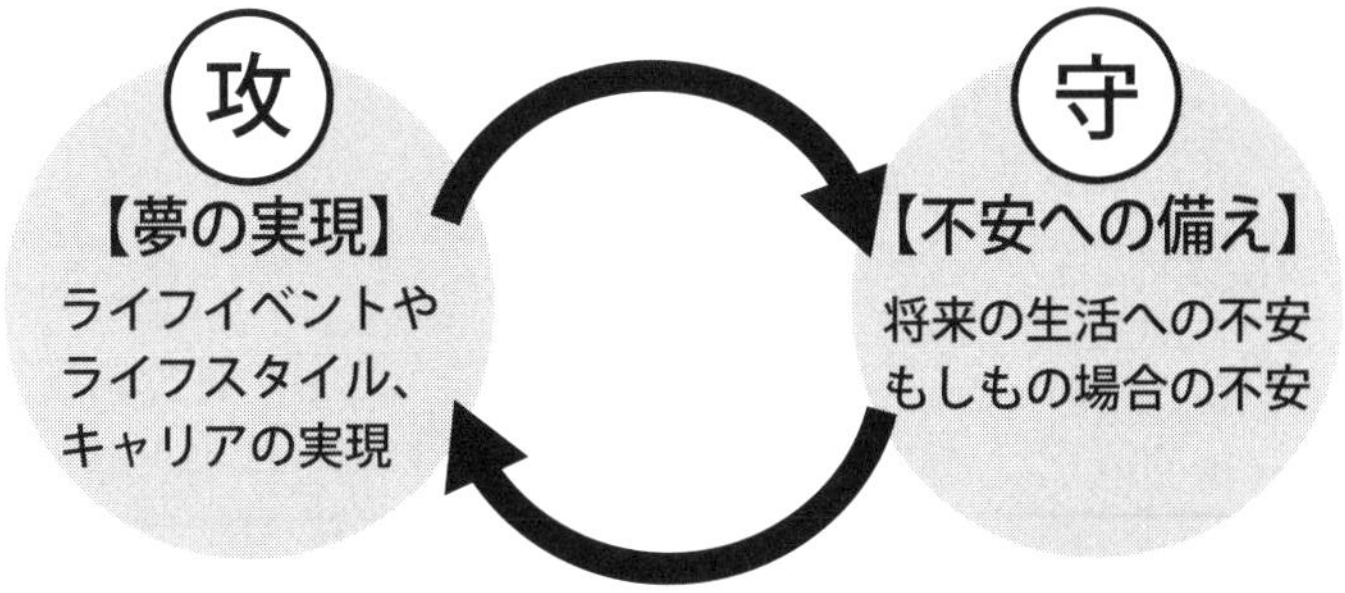
攻
【夢の実現】
ライフイベントや
ライフスタイル、
キャリアの実現
守
【不安への備え】
将来の生活への不安
もしもの場合の不安

計画があってこそ
目指す人生に近づける

8 2時間でこれからすべきことがわかる!

今、日本で起きていることをお話ししてきました。明るくない話もありますが、これが現実です。不安な時代だからか、私たちのもとには、お金の相談がたくさん届きます。毎月の家計の診断、教育・住宅・老後にかかる費用の相談、投資に関する話など、実にさまざまです。人それぞれ家計や身の回りの環境なども違いますから、アドバイスも千差万別です。

とはいえ、最初にすることは共通しています。まず、この先の人生でどのくらいのお金が必要かを計算します。次に、これからいくらお金を貯められるのかを検討します。そして、必要なお金が用意できない場合、具体的にどうやって貯めるかを考えます。そうして、**自分のマネープランを組み立てれば、将来への不安も消える**と確信しています。

本書の1章ではライフプランシートづくりを通じて、これから必要になるお金をはっきりさせます。2章では支出、3章ではお金の貯め方について徹底的に確認し、貯まる家計にしていきます。そして4章から7章までで、お金を増やす方法を具体的に紹介します。本書を読んで自分のマネープランを作るまでに、2時間もかからないはずです。一緒に取り組みましょう!

マネープランづくりの３ステップ

①これからの人生にかかる費用を計算する

・これからの人生のイベントにかかる費用
・人生の３大費用
・もしものときのお金
などを確認

１章で解説
目安：30分

②これからいくらお金を貯められるかを検討する

・現在の貯蓄額
・年収・給与
・毎月の費用・貯められる金額
などを確認

2・3章で解説
目安：30分

③足りない分をどうやって貯めるかを考える

・節約して増やす
・仕事をして増やす
・年金を増やす
・非課税を生かして増やす
・投資で増やす　など

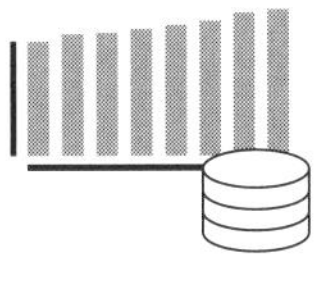

4～7章で解説
目安：60分

自分だけの
マネープランができる！

コラム

●チリも積もれば山となる！ 面白小銭貯金法●

100円玉や500円玉などの小銭を貯める小銭貯金をしたことのある方は多いでしょう。「でも、意外と続かない」という方のために、面白小銭貯金法をご紹介。ぜひ試してください。

●500円玉貯金

1日の終わりに財布の中に500円玉が入っていたら、必ず貯金します。1日に500円貯められれば、1ヵ月で1万5,000円、1年で18万円が貯まります。

●カレンダーの数字貯金

1月1日は11円、8月13日は813円のように、月と日を組み合わせた金額を貯金。1年間で18万758円貯まります。

●歩数貯金

1日5,000歩を歩いたら500円、1万歩なら1,000円貯金するなどと、歩数に合わせて決めた金額を貯金する方法です。お金が貯まるついでに健康にもなれます。

●つもり貯金

デザートを食べたつもり、洋服を買ったつもり、自動販売機でジュースを買ったつもりなどで貯金する方法です。

●お釣り貯金

買い物のお釣りをとっておいて、帰宅後にまとめて貯金箱に入れる方法です。「finbee」や「しらたま」などといった、貯金アプリを活用するのも手です。

毎日続けたくなる仕組みを作って、ぜひ挑戦しましょう！

MONEY PLAN

1章

わが家のお金を「見える化」しよう

1 貯蓄ゼロ世帯はけっこう多い

「お金を貯めるにはどうしたらいいの？」――私たちのところに相談に来られる方の事情はさまざまですが、一番多く聞かれるのはこれです。そして「みんなどれだけ貯めているの？」「私だけ貯められていないのでは？」と、周りの貯蓄額が気になっている方もけっこういらっしゃいます。

実際のところ、お金を貯められていない世帯はたくさんあります。左の表の「平均」を見ると、どの年代もけっこう持っている印象を持たれるかもしれません。しかし、平均は一部のお金持ちが引き上げてしまうものです。「中央値（お金を貯めている順に並んだときに真ん中にくる人の金額）」の方が、より実感に近いのです。そう考えると、**みんなの貯蓄額はそこまで高額ではない**ことが分かります。

また、貯蓄1000万円以上の世帯がある一方で、単身世帯のおよそ3世帯に1世帯、2人以上世帯のおよそ5世帯に1世帯は貯蓄ゼロです。みんな、けっこう大変なのです。

このままでは、将来や老後のことはおろか、目の前の生活すら苦しくなる可能性があります。それを防ぐためには、これから起こるライフイベントを知り、そこからマネープランを立てていくことが大切です。まずは、そのための準備をしていきましょう。

みんなはどれだけ貯めている？

単身世帯の貯蓄額

	平均	中央値	貯蓄ゼロの世帯	貯蓄1000万円以上の世帯
20歳代	106万円	5万円	45.2%	2.2%
30歳代	359万円	77万円	36.5%	12.6%
40歳代	564万円	50万円	40.5%	16.3%
50歳代	926万円	54万円	37.2%	22.3%
60歳代	1,335万円	300万円	29.8%	29.9%

平均より実感に近い　**意外と多い**

2人以上世帯の貯蓄額

	平均	中央値	貯蓄ゼロの世帯	貯蓄1000万円以上の世帯
20歳代	165万円	71万円	22.9%	0.0%
30歳代	529万円	240万円	15.8%	13.2%
40歳代	694万円	365万円	18.7%	20.1%
50歳代	1,194万円	600万円	21.8%	35.5%
60歳代	1,635万円	650万円	23.7%	40.1%

金融資産保有額（金融資産を保有していない世帯を含む）
金融広報中央委員会「家計の金融行動に関する世論調査」（令和元年）より作成

みんなの貯蓄額はそれほど多くない。今後のライフイベントを知り、準備しよう

2 ライフイベントには何がある？

人生にはさまざまなライフイベントがあります。ライフイベントには、何かとお金がかかります。ですから、前もってお金を用意しておく必要があります。

スタートは学校を卒業し、就職するところです。たとえば、地元で就職するか一人暮らしかでかかる費用は変わります。結婚するか否か、子どもが生まれるか、何人生まれるかなどでも違います。子どもの学校は公立ですか、それとも私立ですか？　家は賃貸ですか、それとも戸建てやマンションを購入しますか？　こういったことでも変わってきます。また、入院・両親の介護・もしものときの費用も必要です。さらには、将来の夢や目標を叶えるにも、お金はかかるでしょう。

「将来のお金が不安」と思っている方には、こうしたライフプランをまとめた**「ライフプランシート」**を作るのをおすすめします。将来のライフイベントにかかるお金を**「見える化」**することで、これから必要なお金がわかり、漠然とした不安が解消されます。さらに、自分の人生を見直すきっかけにもなり、日々の過ごし方も充実するでしょう。

ライフプランシートは、みなさんの人生を豊かにするための道しるべとなるツールなのです。

おもなライフイベントの例

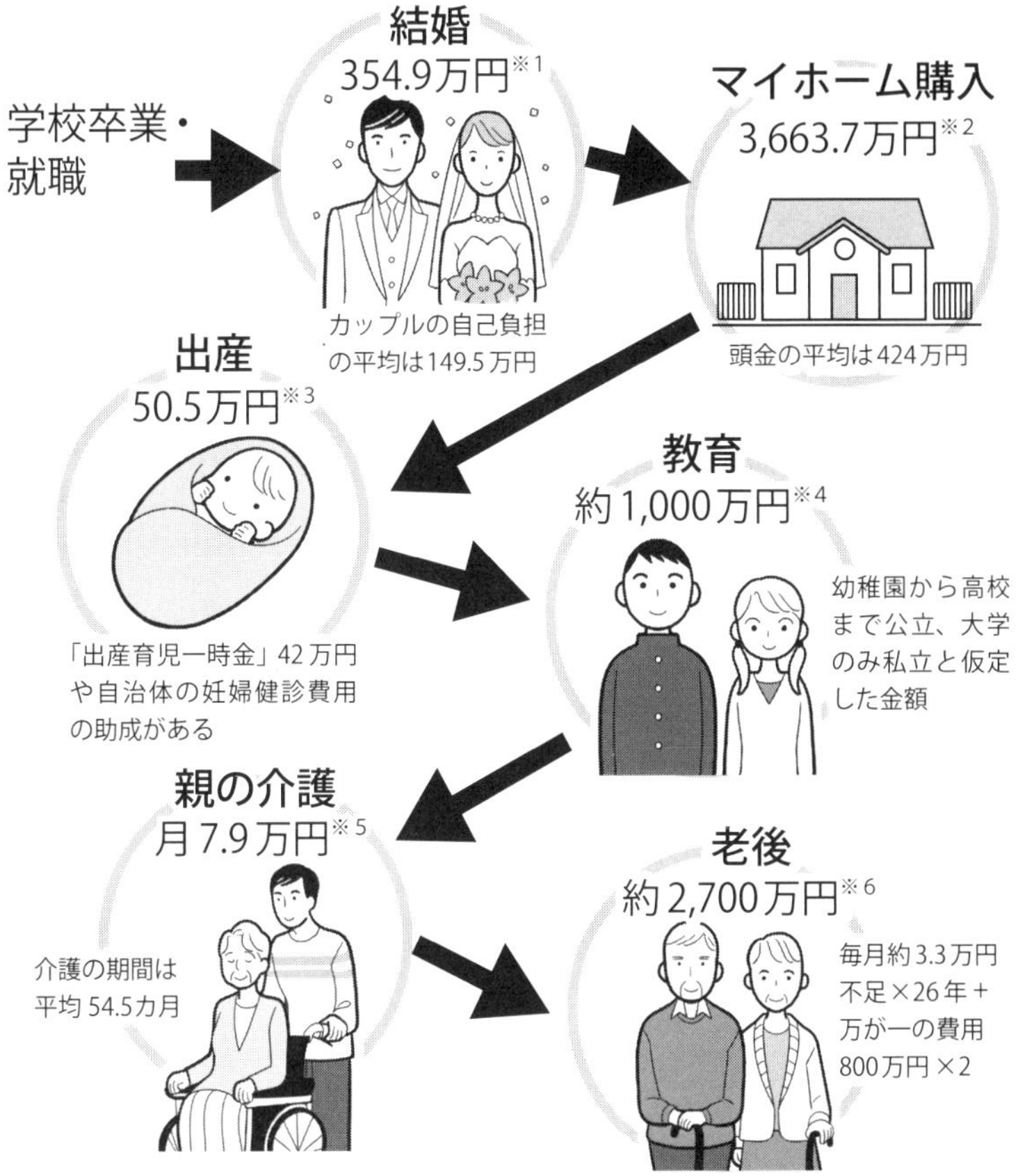

※1リクルートブライダル総研「ゼクシィ結婚トレンド調査2019」より　※2住宅金融支援機構「2019年度フラット35利用者調査」より　※3国民健康保険中央会「出産費用の全国平均値・中央値　平成28年」より　※4文部科学省「子供の学習費調査（平成30年度）」「私立大学等の平成30年度入学者に係る学生納付金等調査結果について」より作成　※5生命保険文化センター「平成30年度生命保険に関する全国実態調査」より　※6総務省統計局「家計調査報告（2019年）」をもとに万が一の費用を加えて作成

ライフイベントにかかる
お金を見積もろう

3 子どもの教育費　公立か私立かで大きく違う

子どもの教育にかかる費用は、子どもを持つすべての方が直面する悩みといっていいでしょう。いくらでもかけてあげたい気持ちはわかりますが、教育費はまさに**「家計のブラックホール」**。きちんと計画をしておかないと、お金がどんどん吸いこまれていきます。

ひとくちに教育費といっても、公立に進学するのか、私立に進学するのかでかかる費用は大きく違います。また大学でも、国立か私立か、文系か理系かで変わります。まずは、幼稚園から大学までを見通して、どれくらいのお金がかかるのかを把握しておきましょう。

一般的な教育費は左のとおりです。「大学までで最低1000万円」と聞くと、気が遠くなってしまいそうですが、これだけの費用が一気にかかるわけではありません。基本的に高校までは家計からそのつど捻出するのが理想です。そのうえで、**教育費の最大のヤマ場と言われている大学入学時点までには300万〜500万円を準備しておきたい**ところです。

お金が足りないから子どもに進路を諦めさせるというのは親としては避けたいですよね。教育費の貯めときは子どもが小さいときです。早いうちからコツコツ準備することが大切です。

教育費は公立か私立かで大きく違う

幼稚園～高校卒業までの費用

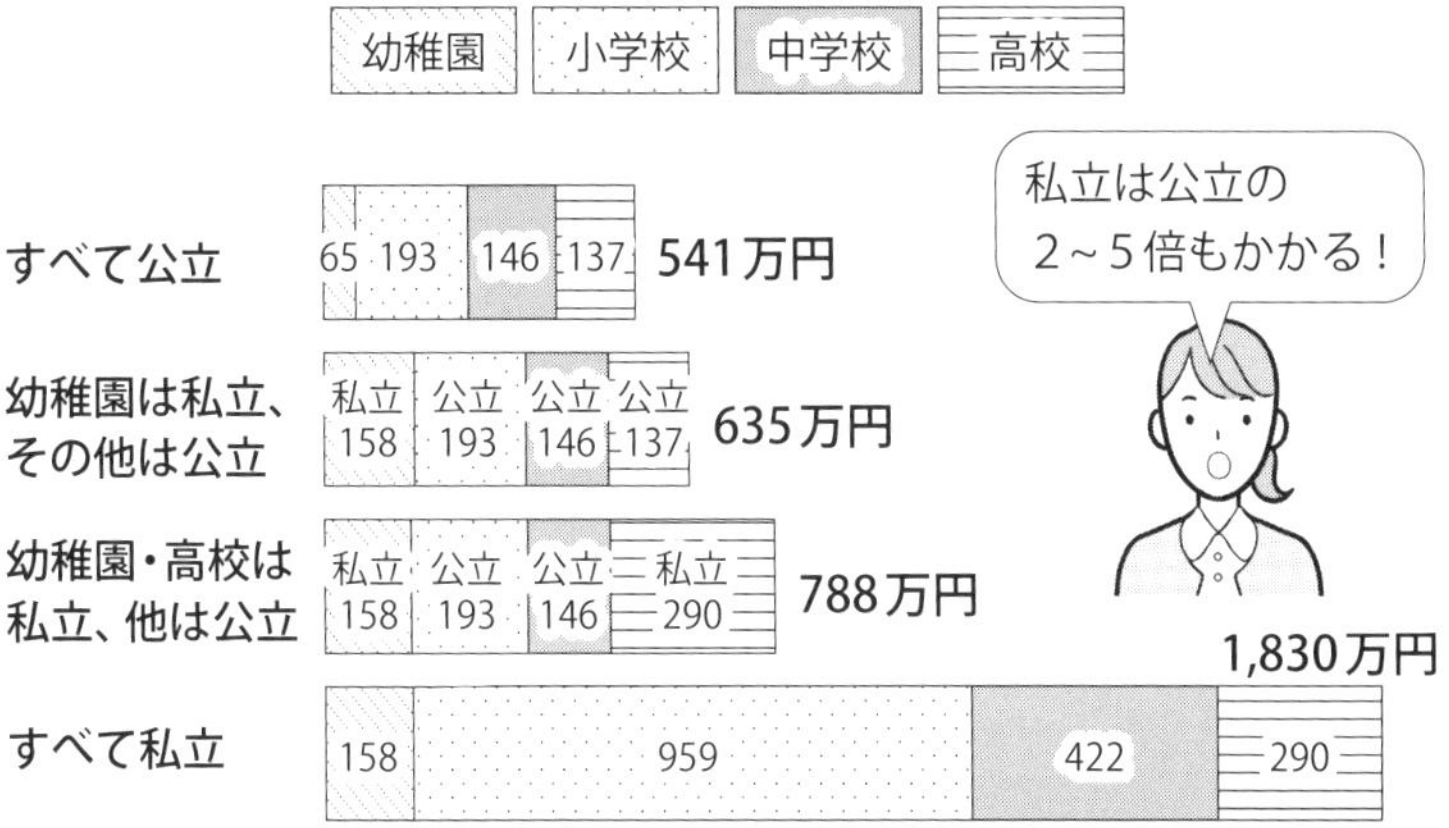

文部科学省「子供の学習費調査」（平成30年度）より

大学の費用

（単位：円）

	入学料	授業料	施設設備費	合計	4年間合計
国立	282,000	535,800	—	817,800	**2,425,200**
私立文系	229,997	785,581	151,344	1,166,922	**3,977,697**
私立理系	254,309	1,105,616	185,038	1,544,962	**5,416,925**

文部科学省「平成30年度 私立大学等入学者に係る初年度学生納付金平均額（定員1人当たり）の調査結果について」（平成30年度）より作成　※国公立は一般的な例。「4年間合計」は（授業料＋施設設備費）×4＋入学料で算出

大学まで通うとすると
最低でも1000万円程度はかかる

4 住宅資金　購入vs賃貸どっちが得？

住宅費の負担は住む地域によって大きく変わります。とはいえ、どこに住むにしても関係があるのが**「自宅を購入するか、賃貸住まいにするか」**という問題です。

自宅購入のメリットは、老後の住まいが確保できることです。住宅ローンの支払いが終われば、その後の家賃の心配をする必要がありません。しかし、気軽に引っ越せなくなりますし、メンテナンス費用も必要です。その点、賃貸の場合はいつでも気軽に引っ越しができますし、ローンを抱えずに済むのはいいところです。メンテナンス費用も不要です。しかし、いつまでも自分の資産にならず、老後も家賃を支払い続ける必要があります。

一例として、4000万円の住宅を購入する場合と、同程度のスペックの物件に賃貸住まいをする場合（2回引っ越し）で、総費用を比較してみたのが左の図です。

この試算では購入した方が安くなりました。しかし、住宅を購入しても仕事の都合で引っ越しがあったり、不意の修繕があったりすることも考えられます。したがって、メリット・デメリットを把握したうえで、どちらにするかを決めましょう。

家の購入 vs 賃貸、どっちがお得？

現在30歳の夫婦が90歳まで生きると仮定してシミュレーション

4,000万円の一戸建てを購入

35年で返済すればあとは不要

かかる費用	
価格	4,000 万円
頭金	500 万円
諸費用（物件価格の３％）	120 万円
毎月返済額※	10.25 万円
固定資産税（年間）	8 万円
機構団信特約料（３大疾病保障付き）総額	366 万円
修繕費用	600 万円
リフォーム費用（20年後）	100 万円
リフォーム費用（35年後）	200 万円
住宅ローン控除総額 住居費用より差し引く	303 万円
合計	**6,368万円**

※借入条件：フラット35利用、金利1.2%、35年返済、ボーナス時加算なし

リフォーム費用はかかる

賃貸

家賃はずっとかかる

期間	かかる費用	
1～6年	敷金（家賃１ヵ月）	8 万円
	礼金（家賃１ヵ月）	8 万円
	仲介手数料（家賃１ヵ月）	8 万円
	家賃	8 万円
	管理費（家賃の10%）	0.8 万円
	更新料（２年に１度）	8 万円
7～24年	敷金（家賃１ヵ月）	10 万円
	礼金（家賃１ヵ月）	10 万円
	仲介手数料（家賃１ヵ月）	10 万円
	家賃	10 万円
	管理費（家賃の10%）	1 万円
	更新料（２年に１度）	10 万円
	引っ越し費用	15 万円
25年～	敷金（家賃１ヵ月）	8 万円
	礼金（家賃１ヵ月）	8 万円
	仲介手数料（家賃１ヵ月）	8 万円
	家賃	8 万円
	管理費（家賃の10%）	0.8 万円
	更新料（２年に１度）	8 万円
	引っ越し費用	15 万円
合計		**7,255万円**

このケースでは購入派の勝ち

ただし…

不動産の価値は
立地や価格などの条件によって
大きく変わるので厳密に検討しよう

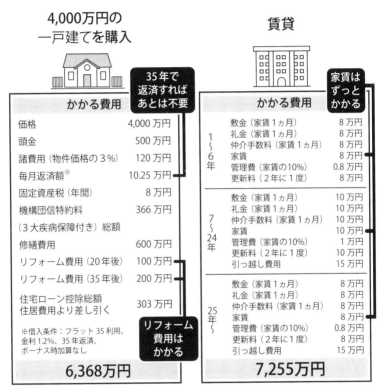

5 老後に必要なお金①　生活費に足りないお金

老後資金は人によっていくら必要かが変わります。ここで簡単に見積もってみましょう。

まずは毎年の老後の収入をチェックしましょう。老後の収入には、国民年金・厚生年金といった公的年金、ｉＤｅＣｏ《イデコ》や企業型ＤＣなどの私的年金などがあります。詳しくは5章・6章で扱いますが、それぞれいくらもらえそうか、１３２〜１３７ページを参照して確認しておきましょう。また、老後も働いて給料があるならば、それも収入ですので加えて考えます。

続けて毎年の老後の支出を確認します。老後になると、収入だけでなく支出も変化します。支出の中には、現役時代には必要だったものの、老後になると不要になるものがあります。老後不要になる支出には、たとえば住宅ローン（完済した場合）、教育費など子どもにかかる費用、仕事にかかる費用（スーツ代、交際費など）などがあります。

もしお手元に家計簿があるなら、毎月の支出からこれらの費用を差し引けば、老後のおおよその支出がわかるでしょう。ないなら、老後の生活費（70歳以上）は現役世代（50〜59歳）の68・1％（総務省「家計調査報告（２０１９年）」）なので、現在の生活費の70％として計算しましょう。

毎年の老後の収入・支出を計算しよう

毎年の老後の収入

	夫 	妻 
国民年金	円	円
厚生年金	円	円
給料	円	円
その他の収入	円	円
合計	円	円

年金の金額は132 ～ 137ページを参考に算出

老後も働く場合は給料を記載

2人の合計　①　　　　円

毎年の老後の支出

	毎月の支出
生活費	円
住居費	円
子ども関連	円
その他	円
合計	円

ざっくりと、今の支出の70%で計算してもOK

住居費、子ども関連はかかる場合のみ記載

合計　円 ×12=　②　　　　円

毎年の老後の収入から支出を引くと
毎年の不足分がわかる

6 老後に必要なお金② 介護にかかる費用

老後の支出には、逆に増えるものもあります。その代表は介護にかかる費用です。調査によると、介護費用総額平均は787万円となっています（損保ジャパン日本興亜「介護費用に関するアンケート」2019年）。ですから、介護費用として1人あたり800万円を見込んでおきましょう。

さらに、「老後に旅行に行きたい」といった趣味や余暇活動の費用、住宅のリフォームの費用など、特別な支出もわかる範囲で加えるといいでしょう。

老後資金は、年金だけでは足りない赤字分を補填する資金です。みなさんが自力で用意しなくてはならない老後資金の必要額は、**老後の収入から老後の支出を引いて出た赤字分の金額**となります。

前ページで計算した毎年の老後の収入から、毎年の老後の支出を引くと、1年間に不足する金額がわかります。これに必要となる年数をかけ、介護費用・特別な支出をプラスした金額が、用意すべき老後資金の金額となります。退職金など、退職時点で手元にある金額からこの老後資金の金額を引いてもしマイナスになるなら、その分が自分で貯めておきたいお金です。まとまった金額になるからこそ、早いうちに老後資金を準備しておくべきなのです。

老後までに貯めたいお金を計算しよう

あなたの老後に必要なお金は?

①②は前ページで計算した金額を記載しましょう

毎年の老後の収入 ①　　　円 − 毎年の老後の支出 ②　　　円 ＝ 毎年不足する金額　　　円

毎年不足する金額　　　円 × 65歳以降の年数　　　年 ＋ 介護費用・特別な支出　　　円 ＝ 老後資金　　　円

貯蓄や退職金など合計　　　円 − 老後資金　　　円 ＝ 不足する金額　　　円

ここが赤字だと老後資金が不足する。65歳までに自分で用意しておきたい

老後資金の参考額

夫婦の場合

リタイアまでに最低 **2,700万円** 貯めましょう

3.3万円×12ヶ月×26年＝1,029万円
800万円×2人分＝1,600万円

シングルの場合

リタイアまでに最低 **1,700万円** 貯めましょう

2.7万円×12ヶ月×26年＝842万円
800万円

（総務省「家計調査報告（2019年）」をもとに計算）

自分の老後に必要な金額は他人とは違う。自分で計算してみよう

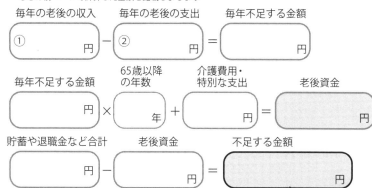

7 夢や目標をライフプランに組み込もう

前項までで、教育資金、住宅資金、老後資金と、人生の3大資金を確認してきましたが、みなさんの人生はそれだけではないはずです。一度きりの人生、叶えたい夢や目標もたくさんあるでしょう。これらもライフプランシートに書き入れて、必要なお金を考えてみましょう。

まず、自分の夢や目標を書き出します。「旅行に行く」よりも「フランスで世界遺産めぐりをしたい」、「独立する」よりも「夫婦でカフェを経営したい」のように、なるべく具体的にしましょう。

それができたら、いつまでに達成したいのか、おおよその時期を考えます。同時期に夢や目標が重なる場合には、優先順位をつけましょう。

さらに、実現するためにかかる費用を、大まかでいいので調べましょう。たとえば「結婚・300万円」「資格取得・20万円」のようなイメージです。これをすると、毎月貯めるべき金額もわかりますし、自分がこれからどう生きていくかというビジョンもはっきりしてくるでしょう。

夢や目標は頭の中で思い描くより、文字にして何度も見る方が叶うものです。ライフプランシートに書き入れて、**楽しくお金を貯めながら実現を目指しましょう。**

夢や目標を具体的に書き出そう

なるべく具体的に書いてみよう

マイホームを買う

４年後に
頭金200万円

実現するためには…
毎月 4.2 万円
貯めればいい

犬を飼う

８年後に50万円

実現するためには…
毎月 0.5 万円
貯めればいい

車を買う

15年後に200万円

実現するためには…
毎月 1.1 万円
貯めればいい

フランス世界遺産めぐり

10年後に120万円

実現するためには…
毎月 1 万円
貯めればいい

夫婦でカフェを開く

20年後に1,000万円

実現するためには…
毎月 4.2 万円
貯めればいい

実現の時期や
費用がわかれば
毎月の貯蓄額も
見えてくる

**夢や目標のためなら
お金を貯めるのが楽しくなる**

8 貯蓄が少ない人は保険でリスクに対応

歳をとると、病気やケガをするリスクが高まります。では、若いうちなら病気やケガをしないかといえば、そんなことはありません。

今は健康で仕事も順調だから問題ないという方でも、急に病気に見舞われることがあるかもしれません。交通事故などによって大ケガをする可能性も、ないとはいえません。それがもとで仕事を休むことになったら、収入が途絶えるかもしれません。また、個人ではどうしようもない自然災害などの被害を受けるかもしれません。

不安をあげればきりがありませんが、そんな事態を乗り切るには、やはりお金が必要です。目安としては半年分、できれば1年分の生活費を確保したいところです。それだけあれば、治療費をまかなうこともできますし、リストラなどの事態にも対処できます。

とはいえ、まだ貯蓄が少ないときに、もしもの事態が発生したら大変です。もし今、生活費の半年分の貯蓄がないのであれば、民間の保険に加入することを検討しましょう。貯蓄とは違いますが、**保険は加入してすぐに、万が一のときの保障が手に入ります。**

貯蓄と保険の違い

貯蓄は三角、保険は四角

貯　蓄

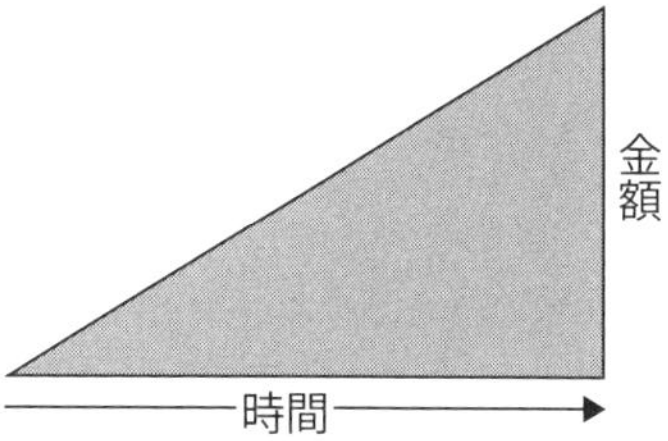

時間とともに少しずつ貯まっていく。いつでも使えるが、額が少ない時に万が一のことがあっても、受け取れる金額は少ない

保　険

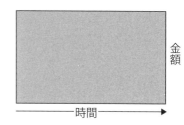

加入時から受け取れる金額は一定なので、万が一のことがあったときには安心。ただし、万が一のときしか使えない

保険ならお金がなくても保障を用意できる

9 公的保険の保障はけっこう手厚い

私たちは、前項で紹介した民間の保険のほかに、健康保険や国民健康保険などの公的保険に加入しています。ですから、病院で治療を受けたり薬をもらったりしても、保険証を見せれば、基本的に自己負担は総額の3割で済みます。また、医療費の自己負担額には上限があり、それを超えた部分は、申請するとお金が戻ってきます。**「高額療養費制度」**といい、これを使えば、1ヵ月の医療費を8万〜9万円に抑えることができます（年収約370〜770万円の場合）。たとえば、医療費の自己負担分として30万円請求されたとしても、約21万円が戻ってくるというわけです。

また、会社員なら**「傷病手当金制度」**も利用できます。病気やケガで会社を休み、給料が出ない場合には、休業4日目から最大1年6ヵ月までの間、1日あたり標準報酬日額の3分の2の金額が受け取れるという制度です。この制度は、フリーランスや自営業者が加入する国民健康保険にはない制度なので、会社員は恵まれている、といえます。

ただし、差額ベッド代や自由診療（先進医療）など、公的保険が適用されない費用もあります。民間の保険は、こうした部分への保障を得たい場合にも役立ちます。

公的医療保険で受けられる保障

会社員が病気・ケガで働けなくなったとき

「高額療養費制度」があるので
最大でも1ヵ月約9万円程度で済む

医療費

自己負担分 3割	健康保険 7割

※年収約370～770万円の場合
※差額ベッド代・先進医療の費用などは健康保険適用外

会社員

「傷病手当金制度」があるので
月収の3分の2はカバーされる

生活費

収入ダウン 3分の1	傷病手当金 3分の2

その他の主な保障

出産育児一時金（子ども1人あたり原則42万円）

妊娠4カ月以上の女性が受け取れる一時金
早産・死産などの際にも受け取れる

出産手当金（日給の3分の2）

出産のために仕事を休んだ場合に受け取れるお金
出産日前42日～出産日翌日56日目まで受け取れる

介護休業給付（日給の3分の2）

介護のために仕事を休んだ場合に受け取れるお金
対象家族1人につき通算93日まで受け取れる

医療費の自己負担額は
それほど高額にはならない

10 万が一には「掛け捨て型」の保険で備える

民間保険には、大きく分けて**「貯蓄型」**と**「掛け捨て型」**の2種類があります。

貯蓄型は、万が一の保障を用意しながら、貯蓄もできる保険です。保険は本来、困ったことがなければ保険金が受け取れませんが、貯蓄型ならば、契約の満期時や中途解約時などにもお金が受け取れます。主な貯蓄型の保険には、終身保険、養老保険、学資保険、個人年金保険などがあります。

対する掛け捨て型は、万が一の保障のみを用意する保険です。つまり、満期時や中途解約時には基本的に保険金が受け取れません。保険に加入するためにお金を「掛け捨て」にするというわけです。主な掛け捨て型の保険には、収入保障保険、医療保険、がん保険などがあります。

このように紹介すると、貯蓄型の保険の方がよさそうですが、**入るべき保険は掛け捨て型**です。貯蓄型は満期・解約の際のお金を積み立てるため、掛け捨て型より保険料が5倍以上高いケースもあります。そもそも、貯蓄がないから保険に入るわけですから、保険料の安い掛け捨て型の方がいいでしょう。そのうえ、貯蓄型は中途解約すると基本的に元本割れします。その分のお金を銀行預金で貯めたり、資産運用で増やしたりした方がはるかに有利です。

定期保険と終身保険の保険料比較

30歳女性が1,000万円の死亡保障のある保険に加入し
10年間保険料を払い込んだ場合

（2020年8月現在）

	定期保険（掛け捨て型）	終身保険（貯蓄型）
	ライフネット生命 「定期死亡保険 かぞくへの保険」	アクサダイレクト生命 「アクサダイレクトの終身保険」
保険金額	1,000万円	1,000万円
毎月の保険料	846円	1万2,620円
10年間の保険料総額	10万1,520円	151万4,400円
解約返戻金	なし	105万8,000円 （10年払込後に解約した場合）
負担金額合計 （10年間の保険料総額－解約返戻金）	10万1,520円	45万6,400円

ポイント

定期保険（掛け捨て型）	終身保険（貯蓄型）
解約返戻金はないが、月々わずか846円で1,000万円の死亡保障がつけられる。安く保障を用意することで、貯蓄や投資にもお金を振り向けることができる	毎月の保険料が1万2,620円と高いうえ、戻ってくるのは払い込んだ保険料総額の約69.8%。負担金額合計は定期保険の約4.5倍になる計算で、割に合わない

貯蓄は預金や投資に任せて
保険は掛け捨て型を選ぼう

11 保険はネット生保で加入しよう

保険の加入方法には「対面型生保」と「ネット生保」（通販型生保）の2種類があります。

対面型生保は、保険会社の担当者と保障内容を相談しながら加入する保険です。自分に合った保障内容がわからなくても、相談して決められるのは心強いでしょう。商品のバリエーションも比較的多くなっています。対するネット生保は、インターネットや電話だけで加入する保険です。わかりやすい商品が多くラインナップされています。いつでもどこでも加入できるのもメリットです。

このように、どちらにもメリットはあるのですが、**加入するならネット生保をおすすめします。**

なぜなら、**保険にかかる手数料が安い**からです。

保険料には、純保険料（将来の保険金支払いに充てられる部分）のほかに、付加保険料（保険会社の経費）が含まれています。純保険料はどの保険会社も同じですが、付加保険料は保険会社が自由に決められます。ほとんどの保険会社は、この内訳を明らかにしていませんが、一般的に担当者のコストがかかる対面型生保の方が、ネット生保よりも高いと言われています。したがって、保険に加入するなら、付加保険料が安いネット生保で掛け捨て型を選ぶのが断然有利です。

「付加保険料」に注意

保険料の内訳

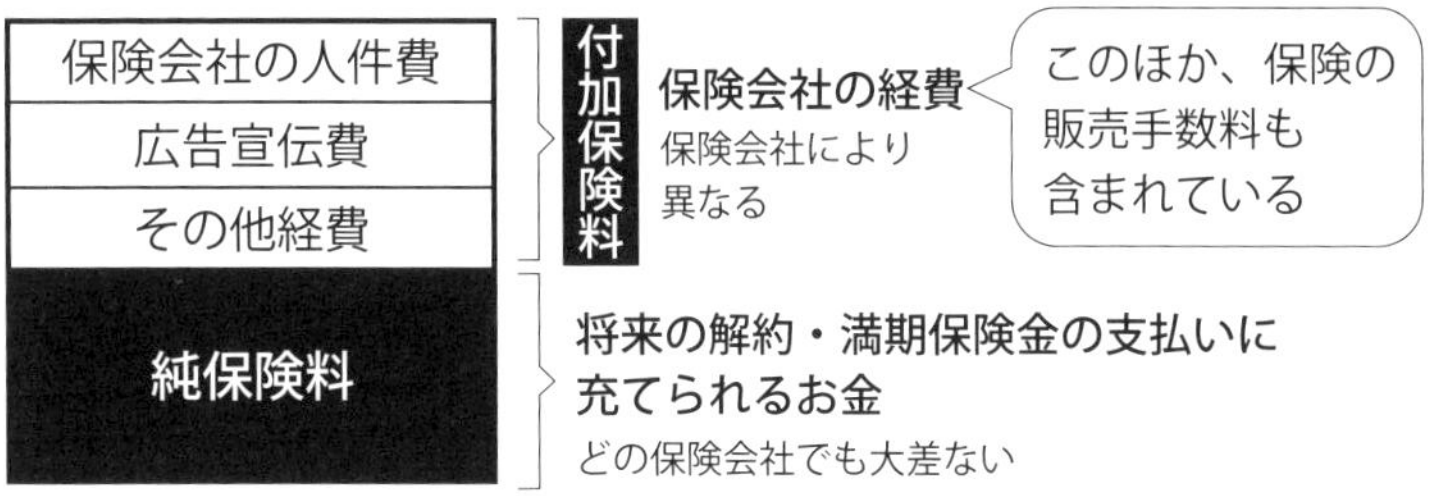

保険料のイメージ

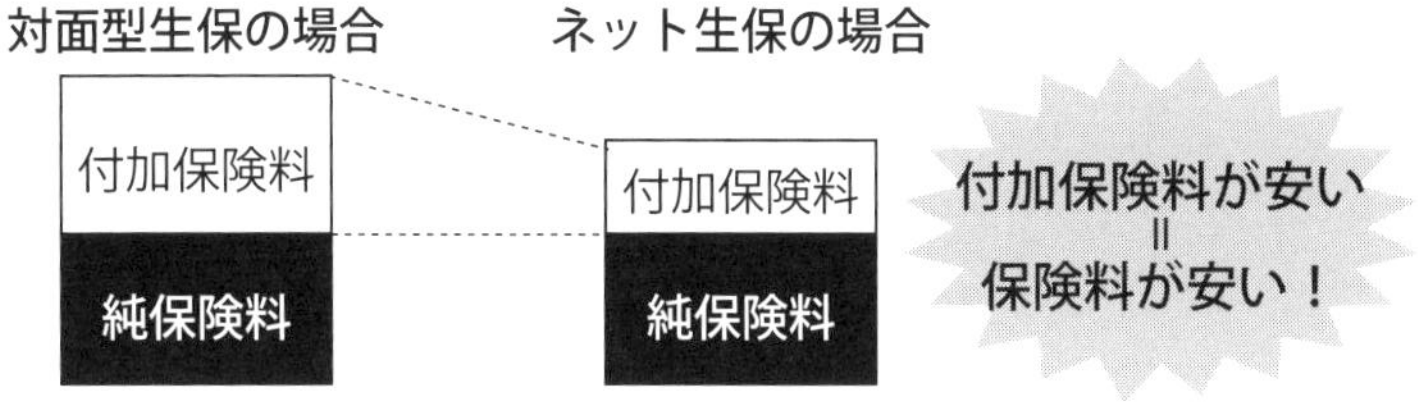

保険料の例

男性 保険料	男性 純保険料	男性 付加保険料		女性 保険料	女性 純保険料	女性 付加保険料
920円	546円	374円	20歳	547円	242円	305円
1,068円	667円	401円	30歳	846円	486円	360円
1,925円	1,365円	560円	40歳	1,463円	989円	474円
4,217円	3,233円	984円	50歳	2,686円	1,985円	701円

ライフネット生命「定期死亡保険（かぞくへの保険）」の純保険料と付加保険料（保険金額1000万円の場合）

保険に加入するなら
ネット生保の掛け捨て型

12 ライフプランシートにまとめよう

主なライフイベントと、必要になるお金の考え方についてお話ししてきました。自分のライフイベントがイメージできたでしょうか。イメージできたら、**ライフプランシート**を作ってみましょう。

ライフプランシートは、今後のライフイベントとかかる費用をまとめた表です。

これまでは、何かイベントがあったときにも、プランを立てずにきた方がほとんどでしょう。しかし、すでにお話ししたとおり、収入が思うように増えない時代です。今後いつ、どんなライフイベントがあるのか、そしてそれにどのくらいの費用がかかるのかを見通しておかなければ、お金が底をつく可能性もあります。それを防ぐために、ライフプランシートを作成しておくべきなのです。

夫婦世帯なら、ライフプランシートを相談しながら作成し、家族でそれを共有しましょう。共通の目標に向けて一緒に取り組むことで、ライフプランの実現がさらに近づきます。

左に掲げたのは、ライフプランシートの例です。ライフプランシートの作成手順は次ページに示します。お手元にパソコンがあるなら、エクセルなどの表計算ソフトを使うと簡単に作れますし、何度でも修正ができて便利です。もちろん、手書きの表でも結構です。

ライフプランシート

	家族の年齢				ライフイベント・夢・目標	予算
	夫	妻	第1子	第2子		
2021						
2022						
2023						
2024						
2025						
2026						
2027						
2028						
2029						
2030						
2031						
2032						
2033						
2034						
2035						
2036						
2037						
2038						
2039						
2040						
					予算合計	

①西暦、家族の年齢を書く

②今後のライフイベントを書く

③予算を書く

④予算の合計を計算する

13 ライフプランシートの作成例

左に掲げたのは、Aさん一家のライフプランシートの例です。Aさん一家は、第2子がこれから生まれるところです。これを機に、お金の計画をきちんと立てて生活したいと考えています。そこで、左のようなライフプランシートを作成しました。

ライフイベント・夢・目標の欄には、大まかでいいので、これから起こるライフイベントや、叶えたい夢や目標を記載します。Aさんは子どもを2人とも大学まで通わせたいので、小学校～大学までの入学時期も加えました。また、44ページで確認した将来の夢や目標も一緒に記載します。

そのうえで、予算を記載していきます。Aさん一家の場合、子どもの入学時にかかる準備費用や受験費用を概算で入れました。また、マイホームの頭金やフランス旅行、車やカフェといった夢を叶えるのに必要な金額も、調べて記載しています。

ひととおり書き終わったら、予算を合計してみましょう。Aさん一家の場合、予算の合計金額は2000万円となります。ここでは例として20年分で作成しましたが、退職までの期間で作成すると、老後までに必要になる金額がよりはっきりします。

Aさん一家のライフプランシート

	家族の年齢				ライフイベント・夢・目標	予算
	夫	妻	第1子	第2子		
2021	31	27	2	0	第２子誕生	30万円
2022	32	28	3	1	妻仕事復帰	
2023	33	29	4	2		
2024	34	30	5	3	マイホームを買う	200万円
2025	35	31	6	4	第１子小学校入学	30万円
2026	36	32	7	5		
2027	37	33	8	6	第２子小学校入学	30万円
2028	38	34	9	7	犬を飼い始める	30万円
2029	39	35	10	8		
2030	40	36	11	9	フランス世界遺産めぐり	120万円
2031	41	37	12	10	第１子中学校入学	30万円
2032	42	38	13	11		
2033	43	39	14	12	第２子中学校入学	30万円
2034	44	40	15	13	第１子高校入学	50万円
2035	45	41	16	14	車を購入 	200万円
2036	46	42	17	15	第２子高校入学	50万円
2037	47	43	18	16	第１子大学入学	100万円
2038	48	44	19	17		
2039	49	45	20	18	第２子大学入学	100万円
2040	50	46	21	19	夫婦でカフェを開く	1,000万円
					予算合計	2,000万円

14 お金のかからない時期が貯めどき！

ライフプランシートを作成すると、お金がかかる時期とかからない時期が見えてきます。

お金がかかる時期は多くの場合、子どもが高校・大学に進学する時期です。また老後も収入が減るので、お金がかかる時期といえます。この時期にお金を貯めるのは大変です。

逆に、就職から結婚までの時期や子どもが小学生の時期、子どもが独立してから退職までの時期は、比較的お金がかからない時期といえるでしょう。ここは**お金の貯めどき**です。**この時期にどのくらい貯められるか、どう貯めるかが、その後の家計の鍵になります。**

先のAさん一家の場合も、妻が出産後仕事復帰することを考えれば、10年後のフランス世界遺産めぐりくらいまでは、比較的余裕をもって達成できそうです。しかし、車の購入やカフェの開業は、子どもが高校生・大学生になる、お金がかかる時期です。前倒しでお金を貯めるか、時期を後回しにするか、考えた方がいいでしょう。

このように、ライフプランシートを作ると、いつ、何に、いくらお金がかかるかがわかり、問題を見つけたり、改善したりするのに役立てることができるのです。

「貯めどき」を意識しよう

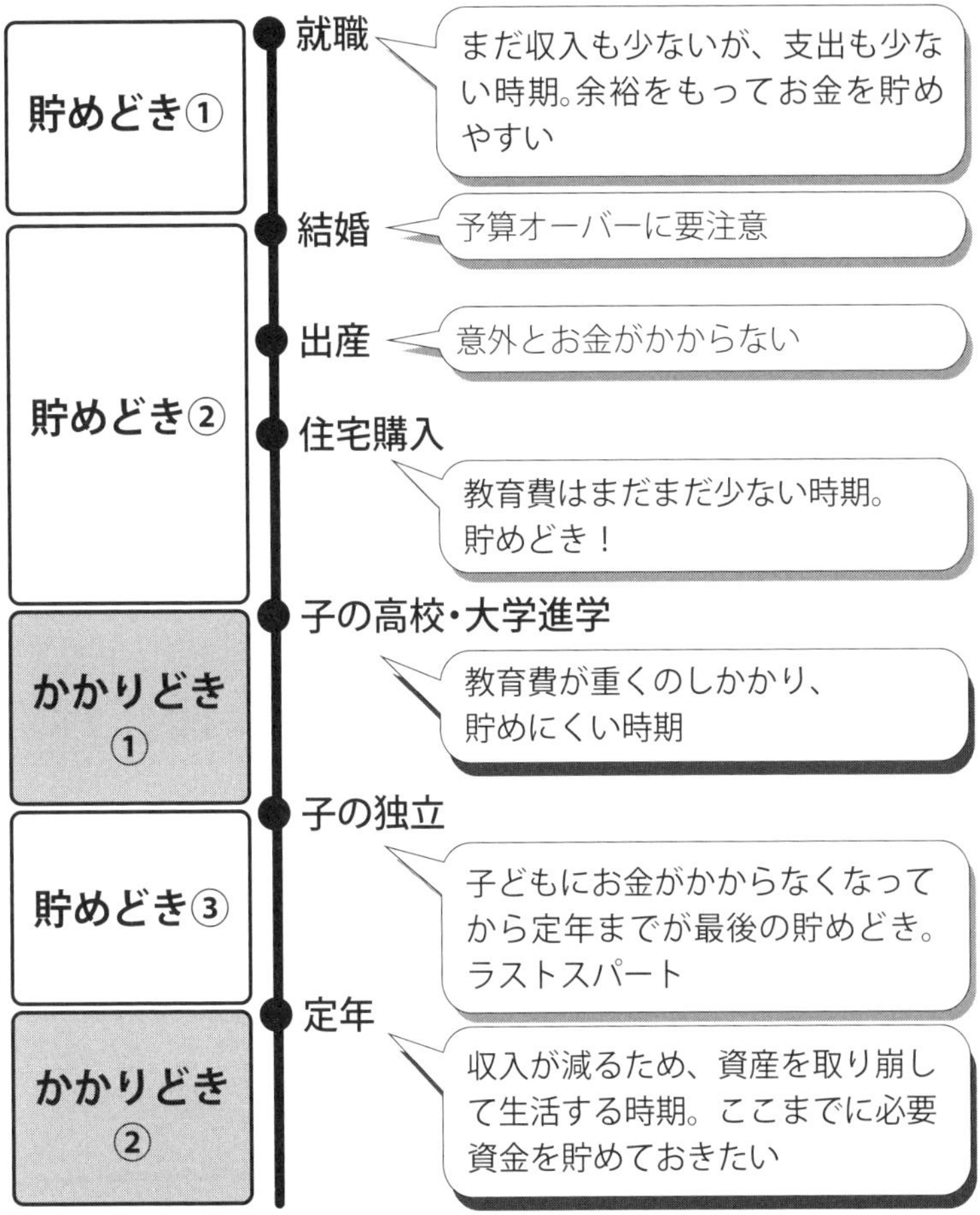
貯めどき①
就職
まだ収入も少ないが、支出も少ない時期。余裕をもってお金を貯めやすい
貯めどき②
結婚
予算オーバーに要注意
出産
意外とお金がかからない
住宅購入
教育費はまだまだ少ない時期。貯めどき！
かかりどき①
子の高校・大学進学
教育費が重くのしかかり、貯めにくい時期
貯めどき③
子の独立
子どもにお金がかからなくなってから定年までが最後の貯めどき。ラストスパート
かかりどき②
定年
収入が減るため、資産を取り崩して生活する時期。ここまでに必要資金を貯めておきたい

「かかりどき」にお金が貯まらないのは仕方がない。「貯めどき」に貯めよう！

コラム

●みんなの生命保険の加入金額はどれくらい？●

万が一の備えとして、多くの人が生命保険に加入しています。みなさん、どのくらいの生命保険に入っているのでしょうか。

生命保険文化センター「生活保障に関する調査」（令和元年度）によると、病気や事故で亡くなった際に支払われる保険金の平均額は1261万円です。なお、男性の平均は1866万円、女性の平均は801万円となっています。万が一のことがあったときに、残された家族の暮らしを守るために入るのが生命保険です。日本の場合、男性が一家の稼ぎ頭になっているケースが多いことから、このような結果になるのでしょう。

また、年代別の平均は、10歳代（18～19歳）752.6万円、20歳代1032万円、30歳代1607.7万円、40歳代1432.5万円、50歳代1313.9万円、60歳代869.4万円です。30歳代が一番多いのは、結婚や出産などでライフスタイルが変わり、新たに保障が必要な方がいることを示しています。

なお、同調査では、死亡保障に対する充足感もまとめています。これによると、「十分足りている」5.9％、「どちらかといえば足りている」28.2％を合計した「充足感あり」は34.1％。「どちらかといえば足りない」38.4％、「まったく足りない」16.2％を合計した「充足感なし」は54.6％でした。

充足感がないからと、単に保障の金額を増やせば保険料も値上がりしてしまいます。自分に必要な保障を見極め、それをカバーできる保険に入ることが「充足感あり」の鍵になります。

MONEY PLAN

2章

家計のやりくりでこれだけ支出が減らせる

1 目標貯蓄額を決めよう

1章で確認した「**これから必要になる金額**」から、**今ある資産の金額を引いたもの**が、目標貯蓄額になります。それを計算するために、左の表に現在の資産の金額を書き出してみましょう。

今、手元には現金がどのくらいあるでしょうか。財布の中や貯金箱の中にあるお金を取り出して数えてみてください。普通預金や定期預金などは通帳など、残高がわかるものを見て確認します。また、株式・債券・投資信託・不動産などは今売った場合の金額（時価）、保険は解約したときの解約返戻金の額を書きます。難しければ、証券会社や不動産会社、保険会社に聞いてみましょう。宝石類やその他の資産については、ネットなどでおおよその金額を検索して記入します。

これから必要になる金額から、これらの資産の合計額を引いた金額が目標貯蓄額です。目標貯蓄額がわかれば、さらに毎年の貯蓄額、毎月の貯蓄額も計算できます。いつまでに、いくら貯めるかがはっきりすれば、あとはそこに向かっていくだけ。ここからは、きちんとお金を貯めていくためのステップを紹介していきます。支出を減らしたり、収入を増やしたり、お金を増やしたり……あとは行動するのみ！　具体的に一緒にやっていきましょう。

目標貯蓄額を計算しよう

これから必要になるお金（55ページで算出したもの）

	円 …①

今手元にある資産

現金	円
預貯金	円
株式・債券・投資信託など	円
投資用不動産	円
保険の解約返戻金	円
宝石類	円
その他（あれば記載）	円
合計	円 …②

目標貯蓄額（①−②）	①	−	②	=	万円	…③
毎年の貯蓄額（③÷目標年数）	③	÷	目標年数　年	=	万円	…④
毎月の貯蓄額（④÷12）	④	÷	12	=	万円	

金額が分かればあとは行動するのみ！

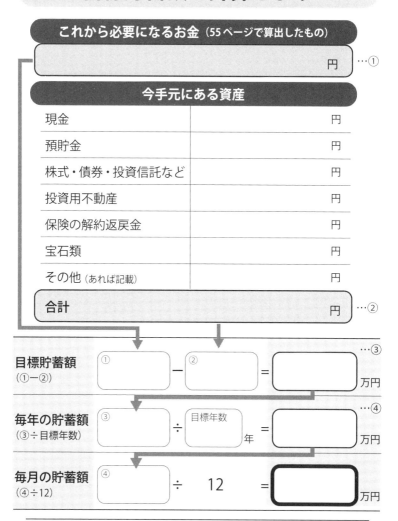

2 毎月の収入と支出を「見える化」しよう

目標貯蓄額がわかったら、あとはお金を貯めていくのですが、その前にまず、お金を毎月どのくらい貯められそうか、今の家計をイメージして、見当をつけてみましょう。

左の表に、今の家計の収入と支出を記載してください。毎月の手取り収入から、毎月の支出を引いた金額が、毎月貯蓄できる金額です。また、収入に占める割合（支出の各項目の金額÷収入）も計算してください。これをまとめると、何にいくらお金をかけているかがつかめます。

「手取り収入はわかるけど、支出は怪しい、使途不明金が多い……」という場合は要注意です。なぜなら、**お金が貯まっている人は、収入ではなく支出を意識している**からです。

お金が貯まる人に「毎月、何にいくらお金を使っていますか？」と聞くと、「食費に5万円、公共料金に1万円、外食に2万円」という具合に、スラスラと出てきます。一方、お金が貯まらない人に同じ質問をすると「うーん、何にどれだけ使っているんだろう」と考えこんでしまうのです。

でも、支出が出てこなかった方も、ご安心ください。70ページで支出の把握の方法を紹介しますので、これからそれを実践していきましょう。

毎月いくら稼いで使っている？

収入

項目	金額	収入に占める割合
手取りの月収	円	100%

収入は多くの人が
把握しているけれど…

家賃・保険料とかは
固定費。光熱費や食
費などは毎月変わる
変動費だな

貯められる人は支出も把握している

支出

項目	金額	収入に占める割合
家賃	円	%
保険料	円	%
教育費	円	%
通信・光熱費	円	%
食費	円	%
交際費	円	%
被服費	円	%
雑費	円	%
支出合計	円	100%

見える化すると自分の支出の特徴が見える

3

理想の支出の割合と比較しよう

自分の家計の収入と支出を大まかに記録できたら、お金の貯まる家計になっているかチェックしましょう。左に、理想の支出割合の目安を示しました。たとえば、家賃なら収入の20〜30％に収めるのが理想、という意味です。あわせて、手取り収入が30万円・35万円・40万円の場合の支出の目安となる金額も記載しています。前ページでまとめた自分の支出の割合と、この目安を見比べて、範囲内に収まっているかどうか、チェックしていきましょう。

もちろん、家族の人数や住む地域などによっても変わります。ほんの少し目安からずれているから絶対にダメ、というわけではありません。そこは実情に合わせて加減していただいて結構です。

ただ、大切なのは、**毎月15〜20％の貯蓄を確保する**ことです。毎月の貯蓄ができない状態では、当然ながらお金は貯まっていきません。ですので、ひとつひとつの費目を見直して、いくらまでに抑えるべきなのか、予算を立てていくことが必要です。

理想の支出の目安よりも大きく使い込んでいる費目があったら、そこは削減のポイント。いくらに抑えれば理想に近づけるのかを計算しましょう。

理想の支出割合と比べてみよう

理想の支出割合のイメージ

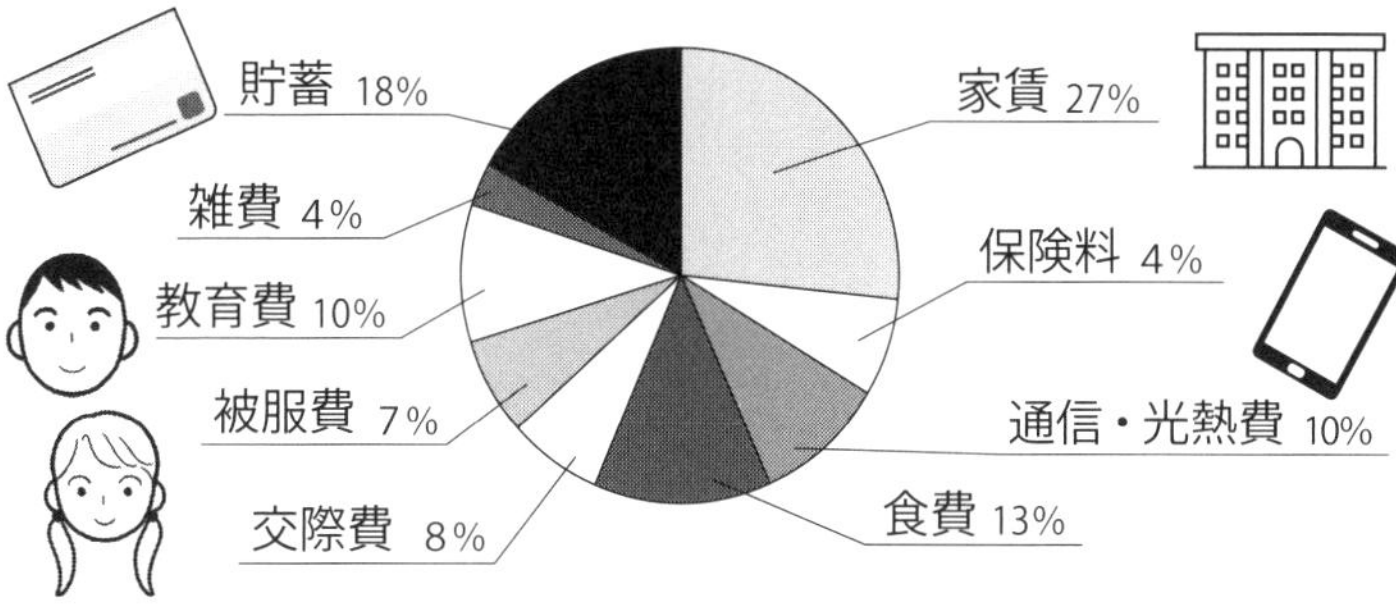

収入別・理想的な家計の支出割合

費目＼手取り	理想の支出割合	手取り25万円	手取り30万円	手取り35万円
家賃	20~30%	6.8 万円	8.1 万円	9.5 万円
保険料	3～5%	1.0 万円	1.2 万円	1.4 万円
通信・光熱費	7～9%	2.1 万円	2.6 万円	3.0 万円
食費	10~15%	3.4 万円	4.1 万円	4.7 万円
交際費	7～10%	2.1 万円	2.6 万円	3.0 万円
被服費	5～7%	1.5 万円	1.8 万円	2.1 万円
教育費	10%	2.5 万円	3.0 万円	3.5 万円
雑費	3～5%	1.0 万円	1.2 万円	1.4 万円
貯蓄	15~20%	4.6 万円	5.6 万円	6.5 万円

毎月の収入の15～20%を貯蓄できるように支出を調整しよう

4 支出を見直せばお金は貯まる

「支出を減らせというけれど、もう減らせない」という声が聞こえてきそうですが、本当でしょうか。

ここからは、支出を見直して、貯められるお金の金額を増やすことを考えていきます。ぜひ実践してください。

お金を貯めるには収入を増やすか支出を減らすかしかありません。でも、いくら収入が増えても、支出も増えてしまっては、お金は貯まりません。よって、**支出を把握することが大切**なのです。

支出が把握できたら、支出をひとつずつ確認して、無駄がないかをチェックしていきます。まずは定期的に決まった金額を支払う固定費から見直すのがポイントです。固定費は、一度見直せば、その後は何もしなくてもずっと節約効果が得られます。しかも、まとまった金額を減らせる可能性が高い費用です。固定費を見直したら、毎月金額が変わる変動費も見直していきます。

無駄遣いが減ると、毎月の貯蓄額が増やせます。先取り貯蓄（3章）もしやすくなりますし、資産運用（6章・7章）にもお金を回せるようになります。お金を貯め、増やす仕組みを作ったら、あとは日々残高を確認します。目標貯蓄額の達成が少しずつ、確実に近づいてくるでしょう。

支出に着目して“無駄”を削減する

支出を把握する

家計簿や家計簿アプリなどを利用して支出を記録

無駄な支出を削減する

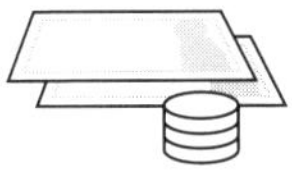

固定費の削減が第一。効果の大きな支出から手をつける。次に変動費も見直す

毎月の支出を把握し先取り貯蓄額を決める

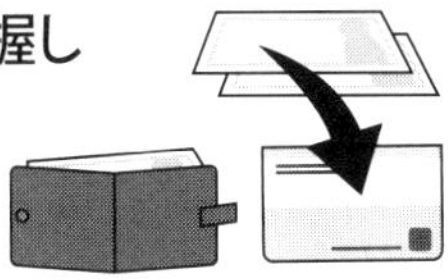

給料が入ったら先に貯蓄分を取り分ける

(→3章)

残高管理をする

ネットバンキングやネット証券ならいつでも残高を把握できる。
口座の金額を自動取得してくれる家計簿アプリも便利。

支出を見直すことで目標貯蓄額の達成に近づける

5 レシートと家計簿アプリで支出を把握

支出の見直しの定番といえば、家計簿です。とはいえ、細かく作るのは大変です。何にお金を使っているのかが大まかにわかればいいので、ここでは簡単にチェックする方法をお伝えします。

まず、お店でもらうレシートや家に届く領収書などを1ヵ月分集めましょう。それらを大まかに「固定費（家賃、保険料、通信・光熱費など）」「食費・交際費」「その他」の3つ程度に分けます。「その他」の金額が多いなら費目を分けても良いです。

1ヵ月分が用意できたら、集計すれば、毎月の支出がわかります。このとき、**1円単位で細かく計算する必要はありません。ざっくり100円単位で十分です**。細かく集計したい方は、スマホの家計簿アプリがおすすめです。家計簿アプリは、入力するだけで金額の集計やグラフなどによる分析ができます。特に、レシートを撮影するだけで記録できる機能は非常に便利です。

さらに集計後、レシートをもう一度見直して、必要な支出には○、不要な支出には×、曖昧な支出には△をつけてください。次からは×の支出を減らせばいいのです。次点で△の支出です。こうしておけば、今後の買い物のとき、すこし立ち止まって考えるようになるでしょう。

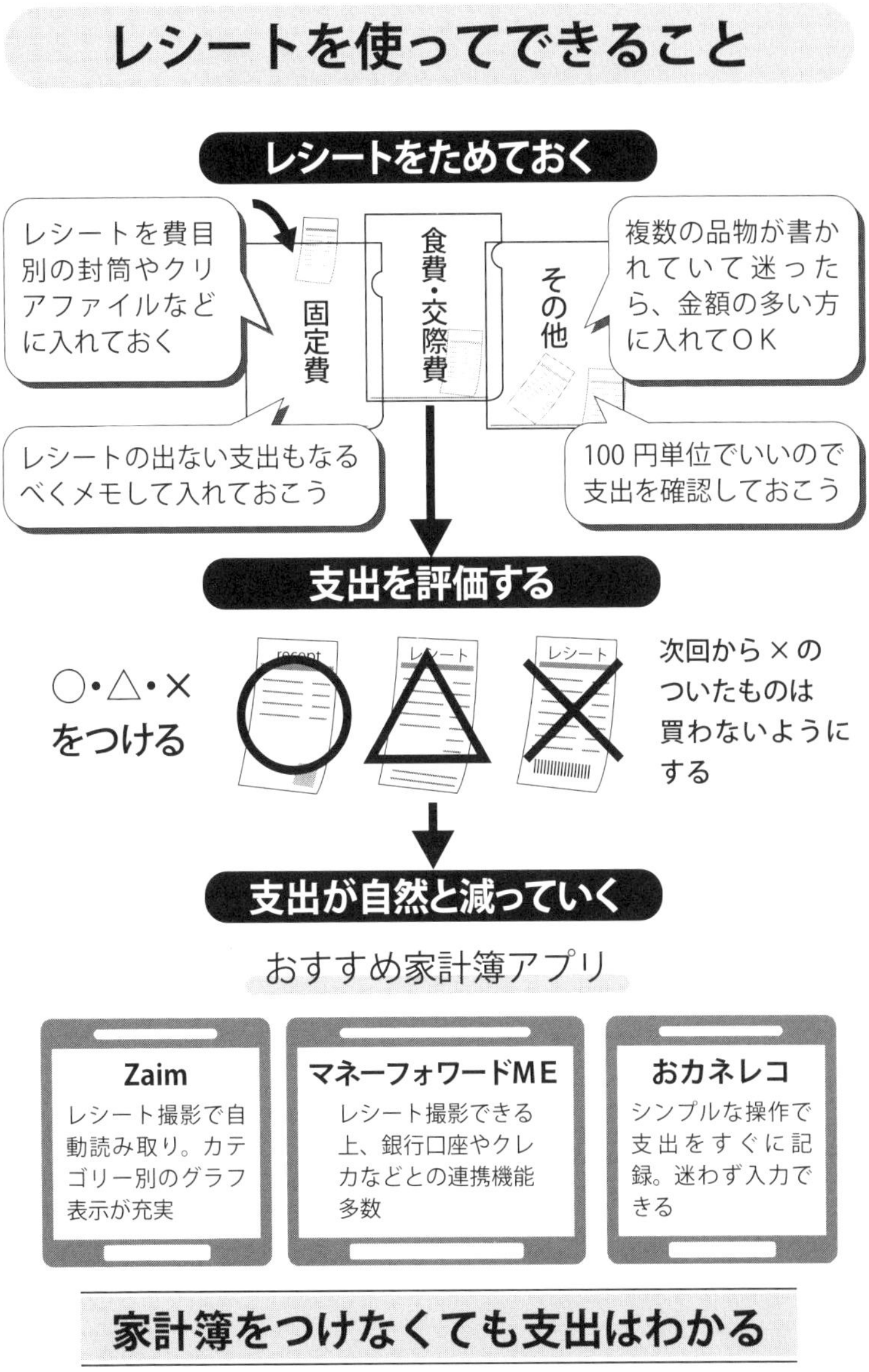
レシートを使ってできること
レシートをためておく
レシートを費目別の封筒やクリアファイルなどに入れておく
固定費
食費・交際費
その他
複数の品物が書かれていて迷ったら、金額の多い方に入れてOK
レシートの出ない支出もなるべくメモして入れておこう
100円単位でいいので支出を確認しておこう
支出を評価する
○・△・×をつける
レシート
次回から×のついたものは買わないようにする
支出が自然と減っていく
おすすめ家計簿アプリ
Zaim
レシート撮影で自動読み取り。カテゴリー別のグラフ表示が充実
マネーフォワードME
レシート撮影できる上、銀行口座やクレカなどとの連携機能多数
おカネレコ
シンプルな操作で支出をすぐに記録。迷わず入力できる
家計簿をつけなくても支出はわかる

6 住居費の削減は見直し効果大！

家計の理想の住居費の割合は、手取り金額の20～25％です。首都圏は家賃の相場が高いので、30％程度までは許容できますが、それ以上になると確実に生活を圧迫します。

リモートワークの普及で必ずしも職場の近くに住む必要もなくなりました。ですから、賃貸住まいの方は、安い部屋への引っ越しも検討しましょう。新居の敷金や礼金、引っ越し費用などはかかりますが、たとえば30万円かかっても、毎月の家賃が1万円削減できれば2年半ほどで回収でき、その後年12万円多く貯められるようになります。最近では都心を中心に「3畳ワンルーム」やシェアハウスなどの利用者も増えており、家賃を抑える手段は昔と比べて多いといえます。

住宅ローン返済中の方は、**借り換え**を検討しましょう。借り換えとは、新しくより金利の低い住宅ローンを組んで、現在の住宅ローンを一括で返済することです。借り換えでメリットが出る条件は「ローンの残り返済期間が10年以上」「ローン残高が1000万円以上」「現在の金利と借り換え後の金利差が0・3％以上」の3つです。諸費用（登記費用や保険料など、住宅購入代金以外の費用）が安い金融機関が増えているため、金利差0・3％程度でも積極的に検討しましょう。

賃貸派も購入派も住居費は減らせる

賃貸の家賃を減らす方法

3畳ワンルーム

都心の人気エリアにある3畳一間の物件。狭いが同エリアの6畳のアパートより2〜3万円安い。

シェアハウス

キッチンやバス・トイレなどは他人との共用で、同エリアのワンルームマンションより1〜2万円安い。

安い部屋に引っ越す

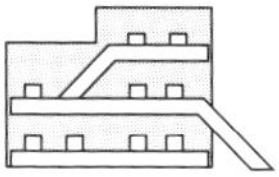

家賃が安い部屋に引っ越して長く住めば費用が回収できる。

実家に住む

家賃はかからない。実家が勤務地から遠くても、リモートワークで実現可能。

住宅ローンの借り換え

ローン残高3,000万円
借入残期間25年

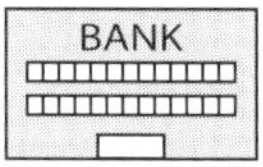

金利1.0%→0.7%
に乗り換えた場合

	毎月返済額	総返済額
借り換え前（金利年1.0%）	11万3,061円	3,391万8377円
借り換え後（金利年0.7%）	10万9,034円	3,271万94円
差　額	**4,027円**	**120万8,283円**

仮に諸費用が
80万円だったとしても **40万8,283円のメリットがある！**

節約できれば効果大！
しかもその効果はずっと続く！

7 スマホ代は月2000円代にできる！

ここ十数年の家計の中で、もっとも上昇率の高い費目は通信費、特にスマホ・電話代でしょう。大手3大キャリアを利用すると、それだけで1人毎月1万円、家族なら数万円かかってしまうことも珍しくありません。これを節約するため、大手キャリアよりずっと安い**「格安SIM」**を利用する人が増えています。格安SIMを利用すると、大手キャリアと同等の通話・データ通信を月2000円程度で利用できます。これだけで月数千円、年数万円の節約になります。

しかも、かつてはスマホの乗り換え時に支払う必要のあった9500円の違約金も2019年10月から1000円までに値下げされたため、見直しもしやすくなっています。

格安SIM各社のプランはいろいろあります。その中から、「通話主体かデータ通信主体か」「月々の通話時間やデータ通信の容量はどうか」などをチェックし、自分の使い方にあったプランを選びましょう。

もちろん、つながりやすさも大切です。最高速度が速くてさくさく動くのもいいのですが、朝や夜のピークタイムにも安定した通信ができるものを選ぶと、ストレスが少なくて済みます。

格安SIMの毎月の料金例

通話メインで使いたい場合

会社名	基本サービス	かけ放題	合計
IIJmio	ミニマムスタートプラン 音声通話＋データ通信3GB 1,600円	誰とでも10分＆ 家族と30分 830円	2,430円
OCN モバイルONE	3GB／月コース 音声通話＋データ通信3GB 1,480円	10分かけ放題 850円	2,330円

データ通信メインで使いたい場合

会社名	基本サービス	カウントフリー	合計
BIGLOBE	3ギガプラン 音声通話＋データ通信3GB 1,600円	指定の動画・音楽配信サービス などを無制限で利用可能 480円	2,080円
LinksMate	音声通話+SMS+ データ通信3GB 1,620円	指定のゲーム・動画サービス などを無制限で利用可能 500円	2,120円

つながりやすさを重視する場合

会社名	基本サービス	合計
Y! mobile	スマホベーシックプランS 音声通話＋データ通信3GB、1回10分以内通話無料	2,680円
UQ mobile	おしゃべりプランS 音声通話＋データ通信3GB	1,980円
イオンモバイル	音声4GBプラン 音声通話＋データ通信4GB	1,580円

価格は税抜。音声通話は別途通話料がかかる（かけ放題の時間を過ぎた場合もかかる）
比較のため、基本サービスはほぼ同条件で統一した。割引等は考慮していない

**格安スマホへの乗り換えで
通信費の大幅削減を目指そう**

8 余計な保険は見直しでカット

1章でも紹介したとおり、保険は不測の事態があっても生活に困らないようにするためのものです。不安だからといって、必要以上に加入して生活が苦しくなるのでは本末転倒です。もしも保険にたくさん入っている、あるいは言われるがままに入っていることがあったら、保険を見直して、保険料を節約することを考えましょう。保険の見直しの手順は、左に示したとおりです。

保険の必要保障額は、ライフステージに合わせて変わります。たとえば、家を買った場合は減らせます。住宅ローンを借りるときに団体信用生命保険（団信）に加入するからです。団信では、契約者に万が一があったときに、住宅ローンが完済できますので、死亡保険に加入する必要性は少なくなります。その分、保険の必要保障額がぐっと減らせるのです。

安い保険を探すなら共済もおすすめです。共済は、加入者がお金を出し合って、困った人を助け合う仕組みです。都道府県民共済、全労済、ＪＡ共済、ＣＯ・ＯＰ共済などがあります。多くの場合、年齢に関係なく掛金は一律で、安価に保障が手に入ります。しかも、結婚式を安くあげられたり、家具やスーツ、子ども関連用品を割引購入できたりするサービスもあり、支出削減に役立ちます。

保険見直しの5ステップ

①今必要な（ないと困る）保険の内容を考える

不測の事態があっても困らないようにするためにはどんな保障が必要かを検討する

②いつまで必要かを考える

たとえば「子どもが大学を卒業するまで」など、なるべく具体的に期限を考える

③いくら必要かを考える

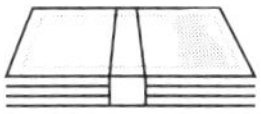

遺された人が困らないようにするにはいくら必要か、おおよその金額を見積もる

④現在加入中の保険の内容を確認する

今加入している保険で①〜③がカバーできるのかを見比べて検討する

⑤保障内容の過不足を調整する

保障が多かったり、重複していたりしたら解約。逆に保障が不足していたら新たに加入する

ライフステージが変わるたびにこの5ステップを検討して見直そう

9 電気代は契約を見直すだけで安くなる

電気代の基本料金は、契約アンペア数で決まります。契約アンペア数が大きいほど一度にたくさんの電気が使えますが、その分基本料金も高くなる仕組みです。契約アンペア数を下げることで、基本料金を下げることができます。ただし、無理に下げすぎると、ちょっとしたことでブレーカーが落ちるので、家電製品の利用状況との兼ね合いを考えたうえで下げるようにしてください。

また、かつて電気は地域の電力会社からしか購入できませんでしたが、今は**電力自由化**で、さまざまな会社から購入できます。ガスやスマホなどとセットで契約すると割引になるセット割引やポイント付与などのサービスも展開しています。**ライフスタイルによってお得度が違ってくる**ので、一度「でんき家計簿」や「エネチェンジ」などの電気料金比較サイトを利用して確認してみましょう。

さらに、毎月の料金の支払いを口座振替にすることで割引が受けられたり、クレジットカード払いにすることでポイントを貯めたりできます。口座振替で受けられる割引は50円程度なので、クレジットカードの還元率が1％の場合、毎月の料金がおおよそ5000円以上ならばクレジットカード払いの方が有利です。

電気代を見直そう

アンペア数を減らすと基本料金が下がる

東京電力エナジーパートナーの場合

アンペア（A）	基本料金（税込）
10A	286円
15A	429円
20A	572円
30A	858円
40A	1,144円
50A	1,430円
60A	1,716円

【例】
アンペア数を
50Aから40Aにしたら…

毎月286円、1年で3,432円の節約になる！

主な電気とガスのセット割サービス

電気とガスをセットで契約することで、電気代・ガス代がお得になる

会社名	概要
Looopでんき	Looopでんき＋ガス 電気代が毎月2％割引
東京ガス	ずっともプラン 基本料金が月275円（または基本＋電力量の0.5％）引き 税込1,000円ごとに15ポイント。各種ポイントに交換可
関西電力	なっトクパック（電気とガスのセット契約） ガス代が毎月3％割引
ニチガス	でガ割 電気代が毎月300円割引

契約を見直せば
電気代だけでなくガス代も安くなる

10 水道光熱費は節約技で年4万円下がる

電気代はもちろん、水道代もガス代も、使い方次第で下げられます。具体的には左の表のとおりです。水道光熱費の節約効果の高い順番に並べてありますので、上から順番に取り組んでみてください。単純計算ですが、**全部実行すると年間で約4万円の節約**になります。

電化製品を購入するときには、なるべく省エネ基準達成率の高いものを選びましょう。店頭などでは、星の数でわかりやすく表示されています。星が多いほど年間消費電力量が少なくなります。

プラグを差し込んでいるだけで電力を消費する「待機電力」も無視できません。一世帯の消費電力量のうち5・1％（228kWh）が待機電力です（資源エネルギー庁「待機時消費電力調査」平成24年度）。1kWhが27円だとすると、これだけで年6156円の無駄ですから、使わない電化製品のプラグはなるべく抜きましょう。

また、お風呂のシャワーヘッドを節水シャワーヘッドに変えるだけで、使う水の量を減らせます。家族の人数や利用頻度などによって異なりますが、年5000～1万円程度の節約が見込めます。節水シャワーヘッドはホームセンター等で2000円程度から売っています。

水道光熱費節約テクニック

シャワーヘッドを
節水シャワーヘッドに
取り替える

5,000～１万円

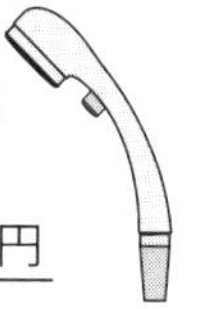

蛇口に節水コマを
取り付ける

１万円程度

使っていない
電化製品の
プラグを抜く
（待機電力をなくす）

6,156円

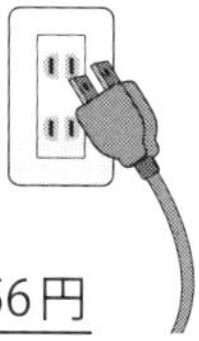

電気カーペットの
設定温度を低めにする
（３畳用の設定温度を
「強」から「中」に）

5,020円

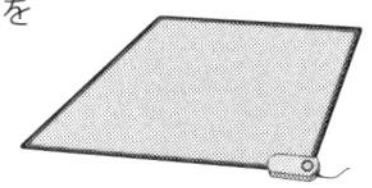

節約テクニック	削減金額（年）
洗濯物をまとめ洗いする	3,980円
シャワーを１日あたり１分短縮する	3,300円
電気ポットで保温をしない（プラグを抜く）	2,900円
電球を電球形 LED ランプに取り替える	2,430円
冷蔵庫の設定温度を「強」から「中」にする	1,670円
お湯で食器を洗う時は低温に設定する	1,580円
エアコンの暖房時の室温は 20℃を目安にする	1,430円
炊飯器で保温をしない（プラグを抜く）	1,240円
冷蔵庫と壁の間に適度なスペースをあける	1,220円
冷蔵庫にものを詰め込みすぎない	1,180円
野菜はゆでずに電子レンジで下ごしらえする	1,000円
エアコンのフィルターを月に１回か２回清掃する	860円
エアコンの夏の冷房時の室温は 28℃を目安にする	820円
テレビ画面の輝度を「最大」→「中間」にする	730円
ガスコンロは炎が鍋底からはみ出さないように調節する	430円

資源エネルギー庁「家庭の省エネ徹底ガイド春夏秋冬」より作成

わずかな手間で効果は絶大

11 変動費を無理なく減らすおすすめ節約技

固定費だけでなく変動費も、心がけ次第で削減できます。食材はまとめ買いの方がお得に感じますが、大量に買ってダメにしてしまうようではかえって損です。使い切れるだけの量をそのつど買った方がいいでしょう。また、献立を決める際には、冷蔵庫をのぞいて、今ある食材で作れるものから考えて、不足分を購入するようにすれば、食材の使い切りもできますし、余計なものを買うこともなくせます。さらに、100ページで紹介するふるさと納税を利用すれば、返礼品としてお米や野菜、肉や魚といった食材がもらえます。地域のおいしいものが節約しつつ楽しめます。

都市部在住で電車を使う移動が多いなら、1日乗車券を利用するのもおすすめです。たとえば東京メトロの「東京メトロ24時間券」の場合、利用開始から24時間、東京メトロのすべての区間が乗り放題になります。24時間以内であれば、日をまたいだ利用もできます。600円なので、4回乗り降りすればお得になる計算です。

洋服、おもちゃ、化粧品はメルカリを使うと安く手に入ります。消費税もかかりません。いらなくなったら売れば、片付けもできてお金も貯まります。

変動費節約テクニック

節約テクニック	削減金額の目安（年）
外食を月１回減らす	１回 2,000 円 ×12 回＝24,000 円
スタバやドトールのコーヒーを減らす（飲み物はマイボトルで持参）	１回 500円 × 週２回 ×52 週＝52,000円
食材にＰＢ（プライベートブランド）の商品を選ぶ	50円安い商品を週３品 ×52 週＝7,800円
レシートやアプリについてくるクーポンを使って割引を受ける	30円安い商品を週３品 ×52 週＝4,680円
特定の日に割引が受けられるクレジットカードで買い物する	例：イオンカード（20・30 日５％引き）月２回 ×5,000円 × ５％＝年 6,000円
日本経済新聞を無料で読む（楽天証券の口座開設で可能）	１ヵ月 4,900 円（税込）×12 か月＝58,800 円
車のガソリンを提携カードで入れる	１回２円引き×50ℓ× 月３回 ×12ヵ月＝3,600 円
電車の１日乗車券を利用する	月１回 2,000 円分を 600円で利用 1,400円 ×12 か月＝16,800円
飛行機のチケットは早割で予約購入（最大 88%引き・ＪＡＬの場合）	東京ー札幌間（往復）。日により違うが約３万～５万円安い
調剤薬局にお薬手帳を持っていく	１回 40 円引き × 年 20 回＝800円
医薬品をジェネリック医薬品に変える	例：高血圧の薬 年12,724 円→2,935円 9,789 円の節約
ふるさと納税で食品や日用品をもらう	例：給与収入400万円の場合、年約６万円分まで2,000円で手に入る
ＮＨＫの受信料をまとめて支払う	衛星契約２ヵ月払いを12ヵ月払いへ 1,990円安くなる
固定電話を解約する	月2,000円 ×12ヶ月＝24,000 円

無理なくできることからやろう！

コラム

●災害時のお金、7つのチェック項目●

豪雨、台風、地震など、災害時に知っておきたい7つのお金のチェック項目をまとめてご紹介します。

①非常持ち出し用に1000円札と小銭を用意

災害時に役立つお金は自動販売機や公衆電話で利用できる1000円札や小銭。非常持ち出し袋に入れておけばスムーズです。

②破損したお札は交換できる

破損したお札は銀行で交換可能。紙幣の面積が3分の2以上あれば全額、5分の2以上3分の2未満あれば半額分です。

③保険証がなくても診療・投薬が受けられる

災害発生地域で災害救助法が適用されると、窓口で必要事項を伝えることで、保険証がなくても一部負担（または負担免除）で診療・投薬が受けられます。

④火災保険・地震保険の申請のために被害を写真に撮る

火災保険や地震保険で保険金の請求をするときには、自治体の罹災証明書が必要です。発行してもらうには、被害状況を伝えなくてはならないので、スマホで写真を撮っておきましょう。

⑤被災時の公的制度にも注目

災害から立ち直ることを支援する公的制度・支払い猶予制度も実施されます。届け出が必要なので、忘れずに。

⑥傷害保険・傷害特約の加入状況を確認

⑦どこの金融機関にお金があるのかを把握

普段から確認しておくと、いざというときに慌てずに済みます。

M O N E Y　P L A N

3章

貯め上手になる
テクニックを
一挙公開

1 お金は3つに分けて貯める

お金は**「日々出入りするお金」「5年以内に使い道が決まっているお金」「10年以上使わない将来のためのお金」**の大きく3つに分けましょう。こうすることで、どの部分でお金が足りていないのかが明確になりますし、貯めておくべきお金まで使い込むという事態を防ぐことができます。

日々出入りするお金は、日常生活費やもしものときのお金です。もし今まったく貯蓄がないのであれば、何よりも最初にこのお金を貯めましょう。目安は生活費の半年分、できれば1年分です。

生活費の半年分が貯まったら、続けて、5年以内に使い道が決まっているお金を貯めます。具体的には家を買うための頭金や車の買い替えなどです。そして10年以上使わない将来のためのお金は、老後のための費用などが当てはまります。

これら3つのお金は、それぞれの目的にもっとも適した口座や金融商品で貯めます。そうすることで、より効率よく、確実にお金を用意することができます。

詳しくは88ページで紹介しますが、日々出入りするお金は**「流動性」**、5年以内に使い道が決まっているお金は**「安全性」**、そして10年以上使わない将来のためのお金は**「収益性」**を重視します。

3つに分けると効率がいい

	【貯める目的】		【特に重視すべきこと】
短期	日々出入りするお金 ・住居費、食費 ・光熱費 　など	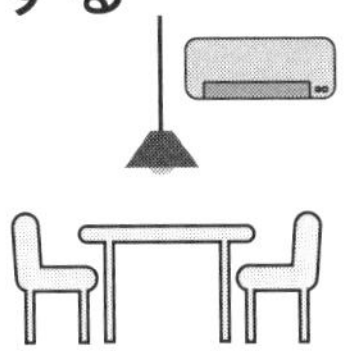	**流動性** お金がすぐに使えること
中期	5年以内に使い道が決まっているお金 ・住宅購入 ・車の買い替え 　など		**安全性** お金が確実に準備できること
長期	10年以上使わない将来のためのお金 ・老後の生活資金		**収益性** お金が効率よく増やせること

目的を意識するだけで
お金は貯めやすくなる！

2

お金は目的別に適した商品・制度で貯める

お金は目的別に、それぞれ別の口座や金融商品に分けて貯めていきます。

日々出入りするお金は、すぐに使えることが大切なので、出し入れ自由な**預貯金**で貯めます。クレジットカードや各種費用の支払いもここに集約させせます。左図のとおり、ネット銀行などを中心に、条件を満たせば金利や手数料が優遇されるサービスもあるので、ぜひ活用しましょう。

5年以内に使い道が決まっているお金は、**定期預金**、**個人向け国債**（180ページ）、**個人向け社債**（182ページ）などで貯めます。これらは、元本が保証されているという安全性がメリットです。満期まで持っていればわずかではありますが普通預金より高い金利が受け取れます。

10年以上使う予定のないお金は、お金を失うリスクを抑えながらコツコツ増やす、**積立投資**をメインに増やします。積立投資で購入できる金融商品は、投資信託（172ページ）、金（186ページ）、株（192ページ）などいろいろあります。老後のお金であれば、iDeCo《イデコ》（148ページ）を活用するのがおすすめです。教育資金であれば、つみたてNISA《ニーサ》（162ページ）が良いでしょう。

目的や用途に合わせて、適した金融商品や制度で貯めることが重要です。

金利がアップするおすすめ銀行

イオン銀行

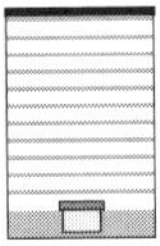

●イオン銀行 My ステージ
イオン銀行との取引状況に応じてもらえる「イオン銀行スコア」によって普通預金金利が最大0.10%までアップし、他行ＡＴＭの利用手数料・他行宛振込手数料が最大月５回無料になる

楽天銀行

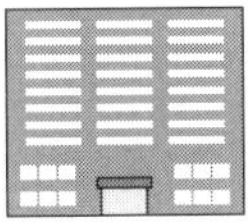

●マネーブリッジ
楽天銀行と楽天証券の口座を連携させ、資金移動をしやすくするサービス。申し込み手続きが完了すれば普通預金金利が年 0.10% になる（利用の有無は問われない）

●ハッピープログラム
楽天銀行と楽天会員の情報を連携させてエントリー。楽天証券での取引で楽天ポイントが貯まり、残高や取引回数でＡＴＭ利用手数料・他行振込手数料が無料になる

住信ＳＢＩ
ネット銀行

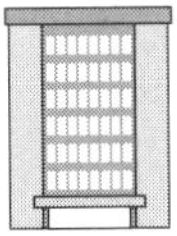

●ＳＢＩハイブリッド預金
ＳＢＩ証券と口座を連携させ、資金移動をしやすくするサービス。申し込むと普通預金金利が年0.01%になる。利息は毎月受け取れる。

●スマートプログラム
取引状況によって「スマプロランク」がアップ。他行ＡＴＭの利用手数料・他行宛振込手数料が無料になる

少しでも有利な預け先を探そう

3 貯蓄の基本は「先取り貯蓄」

お金を貯めるにあたって、ぜひ押さえておきたい基本は**「先取り貯蓄」**です。先取り貯蓄は、「収入が入ったらすかさず貯蓄をし、残ったお金で生活のやりくりをする」方法です。

お金が貯まらない人の多くは、収入があったら先に使ってしまい、余ったら貯蓄するという「後から貯蓄」をしています。しかし、人間は心が弱いので、余ったら貯蓄しようと思っていると、「今月は飲み会が多かったから、貯蓄しなくてもいいかな」などと甘えてしまいます。

先取り貯蓄なら、先に貯蓄分を確保して、残ったお金で生活しますので、貯蓄できないということがありません。ですから、自然とお金が貯まっていくのです。「収入−支出＝貯蓄」ではなく、**「収入−貯蓄＝支出」**と考えて先取り貯蓄をしましょう。

銀行の定額自動入金サービスを使うと、給与の振込口座からお金を貯める口座に自動で入金できます。給料日の翌日などに設定しておけば、振込の手間もなく確実に先取り貯蓄できます。

104ページで紹介する財形貯蓄や6章で紹介する積立投資なども、先取り貯蓄の一種です。お金の貯まる人は、先取り貯蓄を駆使してお金を貯めているのです。

「先取り貯蓄」の考え方

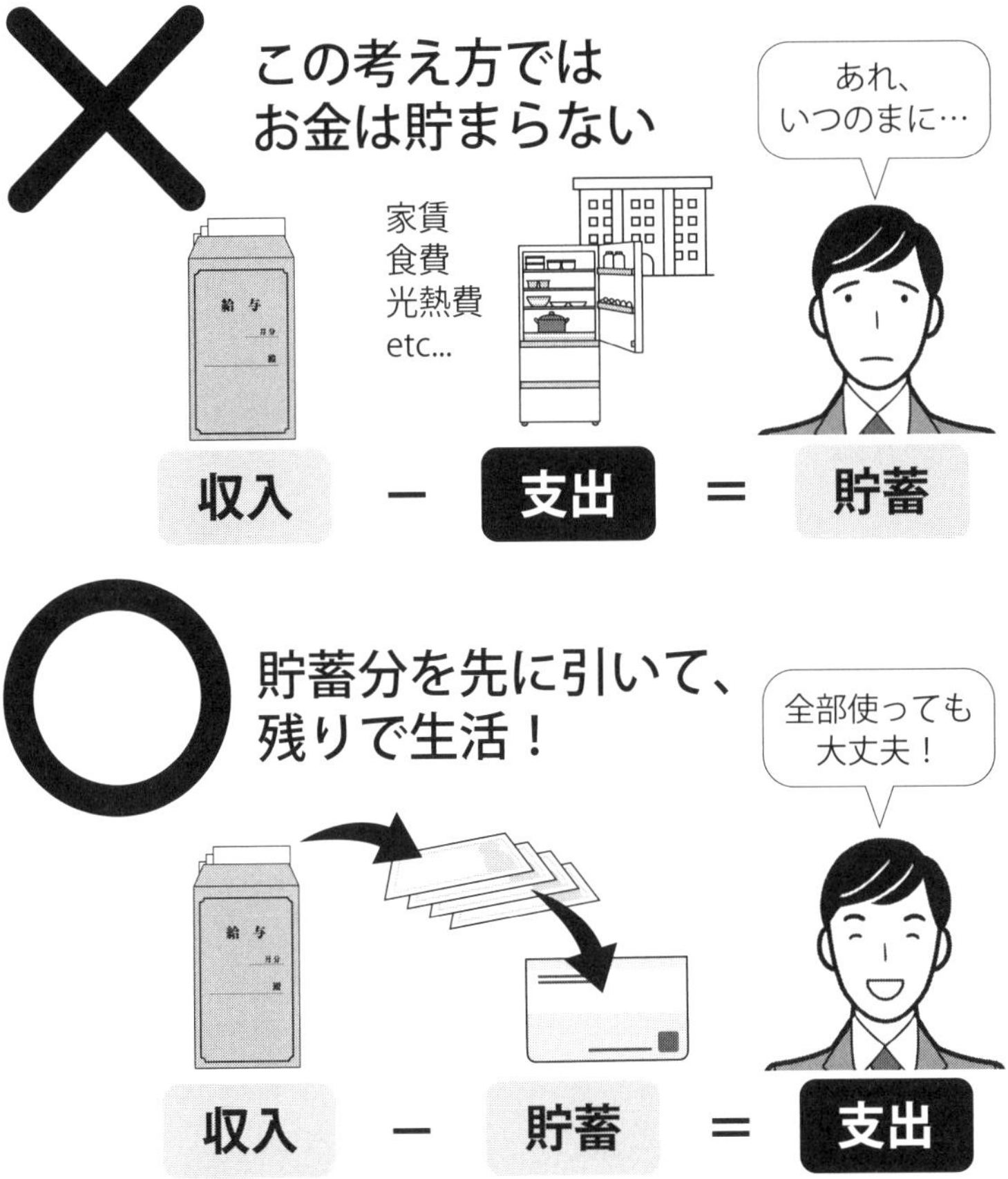

先取り貯蓄をすると
残ったお金で生活することになり
お金が着実に貯められる！

4 キャッシュレス決済はお得

キャッシュレス決済は、現金を使わないで買い物をすることです。最近「○○ペイ」に代表されるスマホ決済が話題ですが、クレジットカードや電子マネーもキャッシュレス決済です。

キャッシュレス決済を使うと、多くの場合**ポイント還元**が受けられます。還元されたポイントは、次の支払い時にお金と同じように使えます。つまり、割引を受けているのと同じです。ときにはキャンペーンなどが行われて、高率の還元が受けられる場合もあります。また、レジで小銭をいちいち出す手間も省けてスピーディですし、利用明細や履歴などで家計の管理も楽にできます。

さらに、スマホ決済の場合、同じアプリを使って人にお金を送金したり、お金を集めて割り勘したりするのも簡単です。銀行で送金すると手数料も時間もかかりますが、スマホ決済ならば無料ですぐにお金のやりとりができます。そのうえ、電気・ガス・水道といった公共料金の請求書にあるバーコードを読み取ってポイントを貯めつつ、決済できるスマホ決済もあります。

これらのメリットはすべて、現金では得られないものです。キャッシュレス決済を賢く使うことで、お金はもっと貯めやすくなります。

キャッシュレス決済は大きく３種類

	クレジットカード 	電子マネー 	スマホ決済 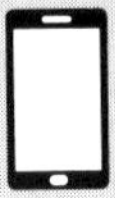
使用する媒体	クレジットカード ※Apple Pay,Google Payを利用するとスマホでも使える	電子マネーカード ※スマホで使えるものもある	スマホ （ＱＲコードを使用する）
使える場所	多い （世界中で利用可能）	スマホ決済より多い （主に国内で利用可能）	急速に拡大中 （主に国内で利用可能）
支払いのタイミング	後払い	種類により異なる	先払い・即時払い・後払い（種類により異なる・タイミングを選べるものもある）
お金の出所	口座引き落とし	（先払い） 現金チャージ （後払い） クレジットカード	（先払い）現金・銀行口座からのチャージ （即時払い）口座引き落とし （後払い）クレジットカード・携帯料金と合算など
年会費	種類により異なる	無料	無料
メリット	・使える場所が多い ・今お金がなくても後払いで買い物できる	・クレジットカードなしでも使える ・決済がすぐできる	・スマホだけで決済できる ・アプリ上で情報が確認できる ・支払い以外の機能が充実
主なカード・アプリ	楽天カード イオンカード セゾンカード　など	WAON nanaco Suica など	PayPay d払い メルペイ　など

メリットを上手に使って節約しよう

5 キャッシュレス決済は5つに絞る

キャッシュレス決済は便利だからといって、カードやアプリをやみくもに増やすのはやめましょう。毎月の支出や残額がわからなくなり、お金を使いすぎてしまうからです。また、せっかくポイントを貯めても、さまざまなカードやアプリに分散していては、使いにくいですよね。

おすすめは、**「キャッシュレス決済は、クレジットカード2枚、電子マネー1枚、スマホ決済2つの5つに絞る」**です。お金の流れがわかりやすく、貯まったポイントも生かしやすくなります。

クレジットカードは、買い物なら流通系、鉄道や飛行機なら交通系、ネットなら通信系という具合に、よく使うシーンで選びましょう。年会費が無料なら、還元率は高い方が有利です。ブランドも分けましょう。1枚はＶＩＳＡ、もう1枚はＭａｓｔｅｒまたはＪＣＢという具合です。

電子マネーは、交通系電子マネーが簡単。使える店舗が多い上に、電車やバスにも乗れます。あるいは、地元のショッピングセンターで使えるものでもいいでしょう。

スマホ決済は、利用可能な店舗の多いＰａｙＰａｙに加えて、普段利用しているサービスと相性のいいアプリを選びましょう。スマホ決済は96ページで詳しく紹介します。

地域別・おすすめの組み合わせ

首都圏在住・ネットショッピングを活用する人の場合

【クレカ1】JALカード Suica

利用するとJALのマイルが貯まる。貯めたマイルは飛行機・電車・バスに使える。Suicaへのチャージも可能。

【クレカ2】Amazon Mastercardゴールド

年会費1万円(税別)だがプライム会員の年会費(4,900円)が無料になる。Amazonの還元率も2.5%。

【電子マネー】モバイルSuica

電車に乗ると50円ごとに1ポイントもらえる。定期や新幹線チケットの購入でももらえる。

【スマホ決済1】PayPay

Suicaが使えない店舗の買い物に利用する。

【スマホ決済2】d払い

毎週金・土曜の「d曜日」にネットショッピングをすると3%の還元が受けられる。

地方在住・楽天とイオンをよく使う人の場合

【クレカ1】楽天カード

利用すると楽天ポイントが貯められる。楽天ポイントは楽天の各種サービスの支払いにも使える。

【クレカ2】イオンカード

支払いで貯まる「ときめきポイント」を電子マネー WAONポイントに変換する。

【電子マネー】WAON

イオンカードで貯めたWAONポイントが使える。20・30日は5%オフ。

【スマホ決済1】PayPay

楽天関連・イオン系列以外での買い物に利用する。

【スマホ決済2】楽天ペイ

楽天の各種サービスで貯めた楽天ポイントを楽天以外で使うときに利用する。

自分が有利になるサービスを組み合わせて使おう

6 スマホ決済「PayPay」はマスト！

スマホ決済で有力なのは、PayPay、楽天ペイ、メルペイ、LINE Pay、d払い、au Payの6つです。スマホ決済は、**使える場所が多いか**が使い勝手の面で大切です。これらの6つのアプリはいずれも、利用可能店舗数が100万店舗を突破しています。なかでもPayPayは、全国展開のチェーン店だけでなく、個人経営の店舗でも「PayPayだけは使える」ことが多くあります。公共料金の支払いでも0.5％の還元が受けられるほどです。ですから、PayPayは使えるようにしておきましょう。

もうひとつスマホ決済を選ぶなら、ポイント還元率の差を気にするよりも、普段利用しているサービスとの相性で選びます。楽天市場をはじめとする楽天の各サービスを使うなら楽天ペイ、メルカリを活用しているならメルペイ、LINEの関連サービスを利用するならLINE Payという具合です。各スマホ決済で貯まったポイントを各サービス内で有効活用できます。ドコモユーザーならd払い、auユーザーならau Pay、ソフトバンクのユーザーならPayPayを利用すると、ユーザー限定の特典が受けられ、利用代金を月々の携帯料金と一緒に支払うこともできます。

各スマホ決済の概要

	PayPay	LINE Pay	楽天ペイ
利用可能な店舗数	約230万ヵ所	約171万ヵ所	約120万ヵ所
ポイント還元率（通常時）	PayPayボーナス ・銀行・ヤフーカードからのチャージで0.5% ・前月決済回数50回以上+0.5% ・前月利用金額10万円以上＋0.5%	LINEポイント Visa LINE Payクレジットカード使用時１～３％	楽天ポイント 楽天カードでチャージして支払うと1.5% 楽天銀行・ラクマでチャージして支払うと１％
こんな人にオススメ	とりあえずスマホ決済を始めたいという人はもちろん、ソフトバンク・ワイモバイルユーザーにもおすすめ	LINEやLINE関連サービスをよく利用している人におすすめ	他の楽天のサービスで貯めた楽天ポイントを店舗で使えるため、楽天経済圏を活用している人におすすめ

	d払い	メルペイ	au Pay
利用可能な店舗数	約136万ヵ所	約170万ヵ所	約170万ヵ所 （auPAY、QUICPay、Ponta利用可能加盟店の合計）
ポイント還元率（通常時）	dポイント （店舗0.5%・ネット１％） dカード利用時＋1%	なし	Pontaポイント（0.5%） au PAYカード利用時＋１％
こんな人にオススメ	ネットショッピングをよくする人やドコモユーザーにおすすめ	メルカリの売上をそのままアプリで使用できるため、メルカリのユーザーにおすすめ	毎週３・13・23日に還元率が10%になる「三太郎の日」はauユーザーのメリットが大きいのでおすすめ

自分のお金の使い方に合ったものを選ぼう

7 マイナンバーカードを効果的に活用する

マイナンバーカードは、国民一人ひとり異なるマイナンバーに加えて、顔写真、氏名、住所、生年月日等の記された身分証明書です。お住まいの自治体に自分で申請して作成します。

マイナンバーカードでできることは、徐々に広がっています。身分の証明は、マイナンバーカードだけで済むことが多くなっています。住民票・印鑑証明・納税証明書・戸籍謄本といった、これまで役所で発行手続きをしていた書類をコンビニで発行することができます。確定申告をネットで行う「e-Tax」というシステムも、マイナンバーカードを使えばスマホだけで利用できます。

一部の自治体では「自治体ポイント」を取得して、買い物や品物の交換に使えます。さらに、2021年3月からは健康保険証のかわりにもなります。ピッとかざすだけで病院や診療所での受付ができるようになる予定です。

そのうえ、2020年9月から**「マイナポイント」**がスタート。マイナンバーカードを持っている人がキャッシュレス決済のチャージや決済をしたときに、ポイントが上乗せされる制度です。上乗せされたポイントは、お金や他のポイントと同じく、キャッシュレス決済での買い物で使えます。

マイナンバーカードの用途が広がる

マイナンバーカードの申請手順

郵送・パソコン・スマホ・
街中の証明写真機で申請できる

①申込書（申し込みフォーム）に必要事項を記載し、顔写真を添えて申し込む ▶ ②自宅に交付通知書が届く ▶ ③書類を持って交付場所に行く ▶ ④暗証番号をその場で設定して直接受け取る

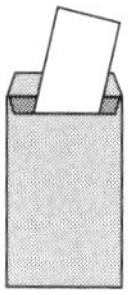

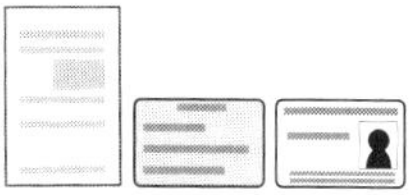

・交付通知書
・マイナンバーの通知カード
・本人確認書類

※手元に通知カードがない場合は先に自治体に問い合わせましょう

マイナポイント取得のイメージ

どのキャッシュレス決済で受け取るかを登録

対象者

現金
チャージ
2万円

マイナ
ポイント

マイナポイント
上乗せ
1人あたり上限
5,000円

国

合計２万5,000円に！　各キャッシュレス決済のポイントとして使用可能

お得なポイントも手に入るのでぜひ取得しておこう

8 返礼品がもらえるふるさと納税

ふるさと納税は、自分で選んだ自治体に寄附すると、寄附した金額のうち2000円を超える金額について、所得税や住民税から控除できる制度です。控除とは「差し引く」ことで、簡単にいうと、**税金を安くすることができる**のです。しかも、多くの自治体では、ふるさと納税の感謝の気持ちとして、寄附した額に応じたお礼の品（返礼品）を用意しています。返礼品にはお米や野菜、和牛やエビ・カニといった生鮮品、果物にお酒、雑貨や美容アイテムまで、地域の特産品が揃っています。「ふるさとチョイス」「さとふる」などのサイトでは、返礼品を検索することもできます。

ふるさと納税をすると、返礼品に加えて、寄附金受領証明書が届きます。翌年の確定申告のときに、これを提出して寄附金控除を行えば、税金が安くできるというわけです。なお、ふるさと納税の納税先が5つまでならば、ワンストップ特例制度を利用することで確定申告なしで税金を安くすることも可能。この場合は、ふるさと納税の申し込み時に特例申請書を提出します。

ふるさと納税の返礼品で食べ物や生活必需品をもらえば、税金の控除と生活費の削減が同時にできます。毎年活用できるので、忘れずに申請しましょう。

ふるさと納税のしくみ

ふるさと納税の3ステップ

①
専用サイトで「返礼品」※を購入する

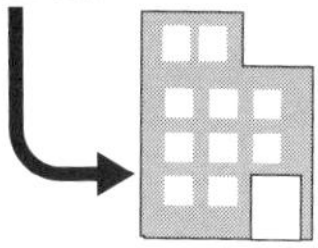

②
「返礼品」を受け取る

③
寄附金控除の手続きをする

確定申告 または
ワンストップ特例制度
（寄附先が5団体までの場合）

税金が安くなる理由

寄附金控除 が利用できる

この金額分の所得税や住民税が控除される	自己負担は2,000円

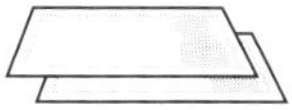

3万円をふるさと納税して返礼品を受け取っても…

※返礼品は寄附額の3割以下の地場産品と定められています

自治体に寄附することでお礼の品が自己負担2,000円で手に入るおいしい制度

9 ふるさと納税の控除額の上限に要注意

ふるさと納税の控除は、自己負担の2000円さえ支払えばいくらでも控除できる、というわけではありません。**控除額の上限を超えて寄附をすると、超えた分は自己負担になる**のです。

控除額の上限は、年収や家族構成などによって異なります。控除額の上限は、総務省の「ふるさと納税ポータルサイト」の「寄附金控除額の計算シミュレーション」や、「ふるさとチョイス」や「さとふる」などのポータルサイト上の控除額シミュレーターを利用すると簡単に計算できます。

たとえば、給与収入400万円のAさん（独身）の場合、控除額の上限は4万2000円でした。このとき4万2000円を寄附すると、2000円は自己負担、4万円は所得税と住民税から控除でき、返礼品がもらえるというわけです。このとき、4万2000円以上寄附することもできますが、あくまで控除できるのは4万円ですので、自己負担額が増えてしまいます。ですから、控除額上限までで寄附しましょう。

なお、シミュレーションの控除額上限は目安です。他の控除があると金額が変わる場合があるので、正しく知りたい方はお住まいの自治体の納税課などにお問い合わせください。

控除額（目安）のシミュレーション

総務省のふるさと納税ポータルサイト「寄附金控除額の計算シミュレーション」

・　　　の部分に数値を入力して下さい。（ゼロの場合は入力不要）

●寄附者の年収

給与収入額	4,000,000	円

税込み年収を入力

※実際の計算は、寄附をした年の1月〜12月の収入を基に行うため、寄附時点では正確な数値は判明していません。

●家族構成

配偶者		
専業主婦		人
共働き（年収201万円超）		人
扶養親族		
中学生以下（16歳未満）		人
高校生（16〜18歳）		人
大学生（19〜22歳）		人
23歳以上		人

家族構成を入力

●寄附しようとする額

寄附額		円

寄附金額を入力

控除額（所得税＋住民税）	40,000円
（自己負担額）	2,000円

控除額がわかる

※控除額はあくまで目安です。
正確な計算は寄附翌年にお住まいの市区町村にお尋ね下さい。

人により控除上限は変わる
それ以上は自己負担になる

10 会社の制度は使ったほうがいいの？ ①財形制度

財形貯蓄は「勤労者財産形成貯蓄制度」の略。会社が毎月の給料やボーナスなどからお金を天引きし、積み立ててくれる制度です。

財形貯蓄には「一般財形貯蓄」「財形年金貯蓄」「財形住宅貯蓄」の3種類があります。

一般財形貯蓄は、資金の使い道に特に制限がありません。3年以上積み立てることが条件ですが、積立開始から1年経てば引き出すことができます。とはいえ、引き出すには会社の窓口や上司の印鑑などが必要で、銀行の普通預金のように簡単には引き出せません。一見デメリットですが、だからこそお金がきちんと貯められることにもつながります。

財形年金貯蓄と財形住宅貯蓄は、年金や住宅購入・増改築のためにお金を貯める制度で、合計元本550万円までの利息が非課税にできます。

一度設定しておけば、自分の意思にかかわらず**半ば強制的にお金が貯められる**いい制度なのですが、勤め先の会社が財形制度を導入していないと、加入できません。したがって、まずは会社に確認し、制度があるならば利用しましょう。

3つの財形貯蓄

	一般財形貯蓄	財形年金貯蓄	財形住宅貯蓄
利用できる人	サラリーマン・公務員など	満55歳未満のサラリーマン・公務員などで、他に財形年金契約をしていない人	
資金の使い道	自由 貯蓄開始1年後から払い出しできる	年金 年金以外の払い出しは利息に課税される	住宅建設・購入・リフォーム 住まいの資金以外の払い出しは利息に課税される
積立期間	3年以上	5年以上	
利息の税制優遇	なし	「財形住宅貯蓄」と合わせて元利合計550万円まで非課税	「財形年金貯蓄」と合わせて元利合計550万円まで非課税
預金保険制度	対象		
備考	積立限度額なし	・受取期間は満60歳以降、5年以上20年以内（保険商品の場合、終身受取も可能） ・積み立て終了から年金受取開始まで、5年以内の据置期間の設定可能	■建設・購入する住宅の要件 ・床面積50㎡以上 ・一定の耐震基準を満たす ・勤労者自身が住む ■リフォーム要件 ・工事費用の総額が75万円を超える

給与天引きで強制的にお金が引かれ
確実に貯められる！

11 会社の制度は使ったほうがいいの？ ② 社内預金制度

毎月の給与やボーナスから天引きでお金を貯める制度にはもうひとつ、社内預金制度があります。社内預金制度では、天引きされたお金を会社みずから管理します。そして、従業員からの申請があればお金を払い出す仕組みになっています。

社内預金のメリットは、**金利が高く設定されている**ことです。銀行の普通預金の金利が０・００１％のご時世に、社内預金制度では最低でも０・５％の金利をつけることが法律で定められています。単純にいって、普通預金の５００倍お得です。

それでいて、財形制度と同様に給与天引きでお金が強制的に貯められますし、途中の出金にも特にペナルティはありません。銀行の定期預金よりも使い勝手がいい制度です。

社内預金制度のある会社は減少傾向にあります。あればラッキーの優遇制度ですので、ぜひ使いましょう。

ただし、社内預金はペイオフ（預金保険制度）の対象外。万が一、会社が倒産した場合には、お金が一部戻ってこないこともあることは押さえておきましょう。

社内預金ならこれだけ増える

社内預金のイメージ

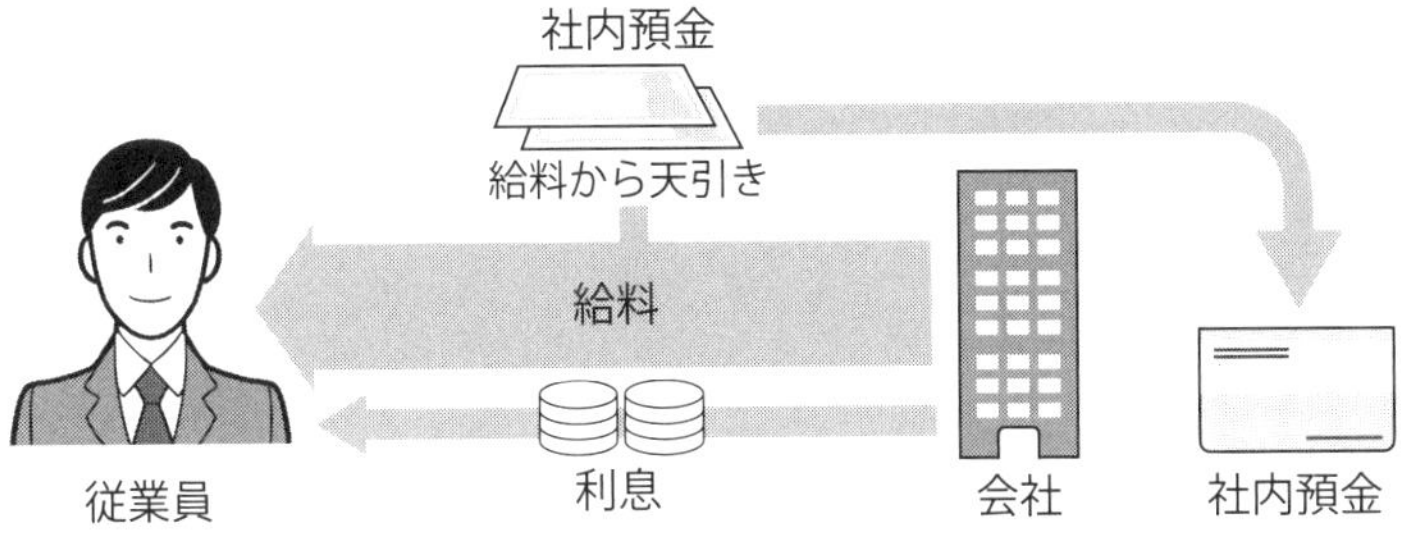

社内預金ならこれだけ増える

例：毎月3万円ずつ20年間積み立てた場合にもらえる利息は？

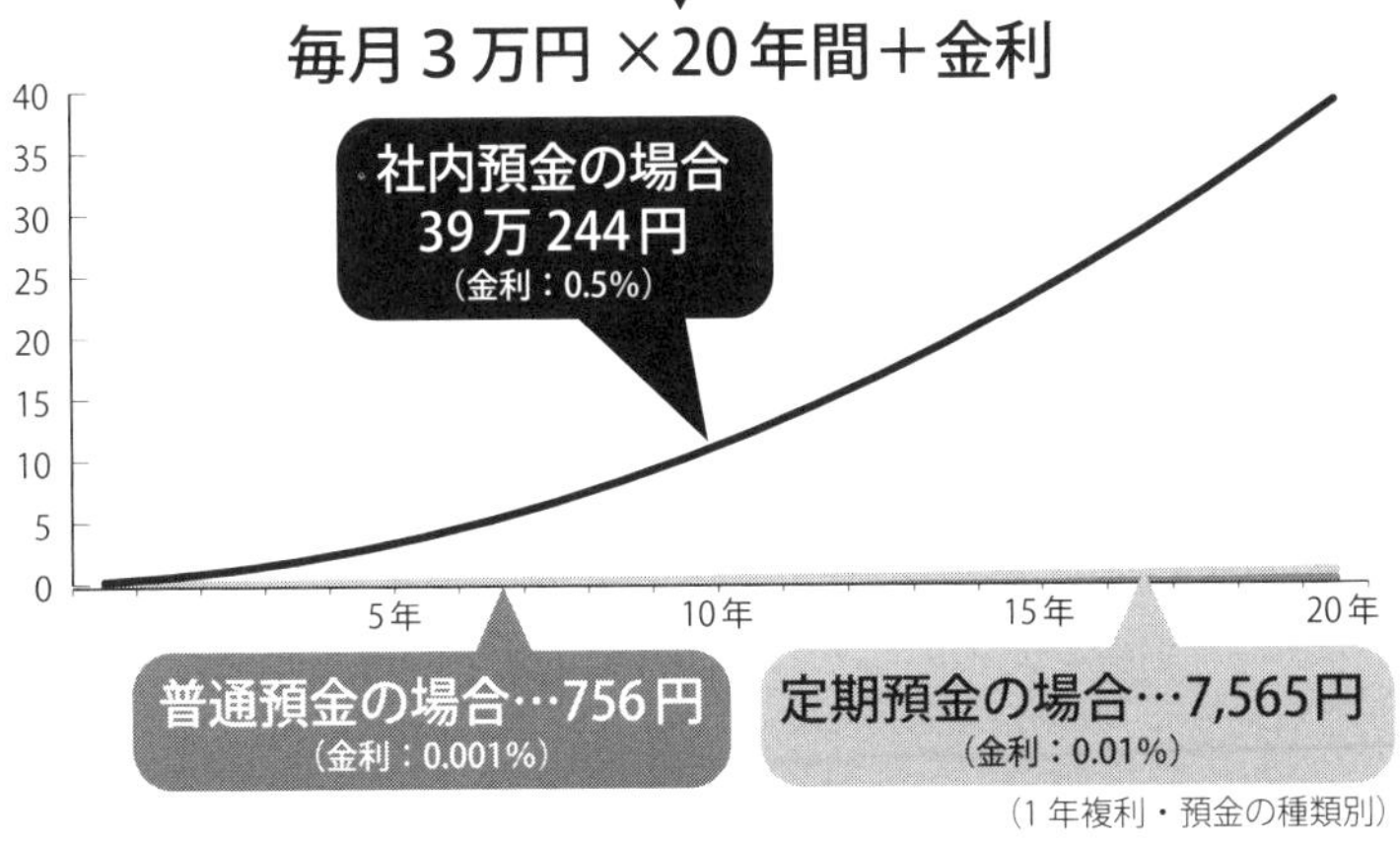

普通預金や定期預金より
社内預金の方が圧倒的に有利！

12 会社の制度は使ったほうがいいの？③従業員持株制度

従業員持株制度とは、従業員が毎月一定額を出して自社株（勤務先や親会社の株式）を購入する制度です。会社が「従業員持株会」を作り、従業員が任意で加入します。上場会社の多くが導入しているほか、一部の未上場会社も導入しています。

従業員持株制度に加入すると多くの場合、会社が株式の購入金額の1割程度を奨励金として補助してくれます。これにより、**通常より多く株式が購入できます**。

財形貯蓄や社内預金と同様、給与天引きでできますし、会社の業績が上がれば株価も上がって利益が増えるのですから、仕事にもいっそう張り合いが出そうです。

しかし、裏を返せば、業績が下がれば株価も下がり、損失が出ることになります。さらに、万が一会社が倒産したら、仕事も資産も同時に失うことになりかねません。また、売却にどうしても時間や手間がかかるうえ、株主優待も受け取れません。

したがって、従業員持株制度は無理に使う必要はありません。もし利用するとしても、少ない金額にとどめ、他の制度を利用しましょう。

従業員持株制度の仕組み

従業員持株制度	従業員が給料の一部を出し合い、従業員持株会を通じて自社の株を購入する制度

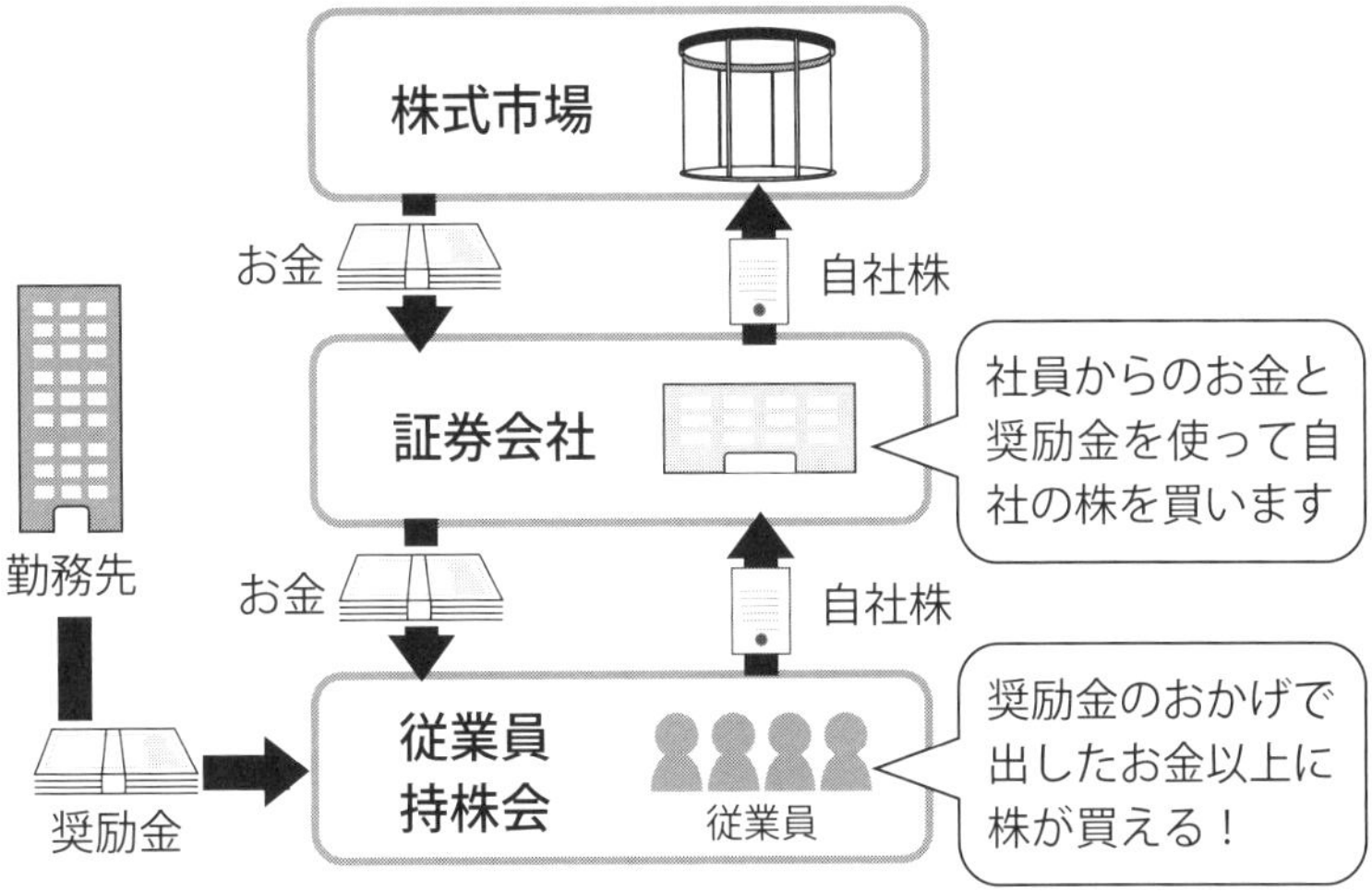

奨励金はありがたいけれど…

- 会社の業績が悪くなって株価が下がると損失が出る
- 売却に時間や手間がかかる
（インサイダー取引防止のため売却の手続きが大変）
- 会社が万が一倒産したらお金が戻ってこない
- 未上場会社の株の場合上場しなければ売却しにくい
（そのうえ上場するとは限らない）

**デメリットも多いので無理に使う必要なし
使うにしても少額にとどめる**

13 会社の制度は使ったほうがいいの？ ④団体保険

団体保険は、会社などの団体が保険の契約者になっている保険です。団体保険に加入している会社に勤める人は、会社を通じて医療保険、死亡保険、所得補償保険などを選び、加入することができます。会社の福利厚生の一環として用意されている制度です。

団体保険のメリットは**通常の保険より保険料が割安**なことにあります。保険料は人や補償内容によってそれぞれですが、場合によっては同程度の保障内容が通常の保険の半額程度で手に入ります。また、健康状態を保険会社に伝える「告知」が通常の保険より簡単に済むのもメリットです。さらに、従業員の配偶者や子どもも一緒に団体保険に加入できます。

ただし、契約者は会社ですので、ほとんどの場合、会社を退職すると継続できません（定年退職の場合は継続できるものもあります）。そのため、たとえば病気が原因で退職したら、保険が継続できないばかりか、新しい保険にも入れない事態が起こる可能性もあるのです。

したがって、保険は個人で加入するのがおすすめです。2章でお話ししたように、保険は貯蓄でまかなえない金額をカバーしていれば、それで十分です。

団体保険の仕組み

団体保険　会社などの団体が保険の契約者になっている保険

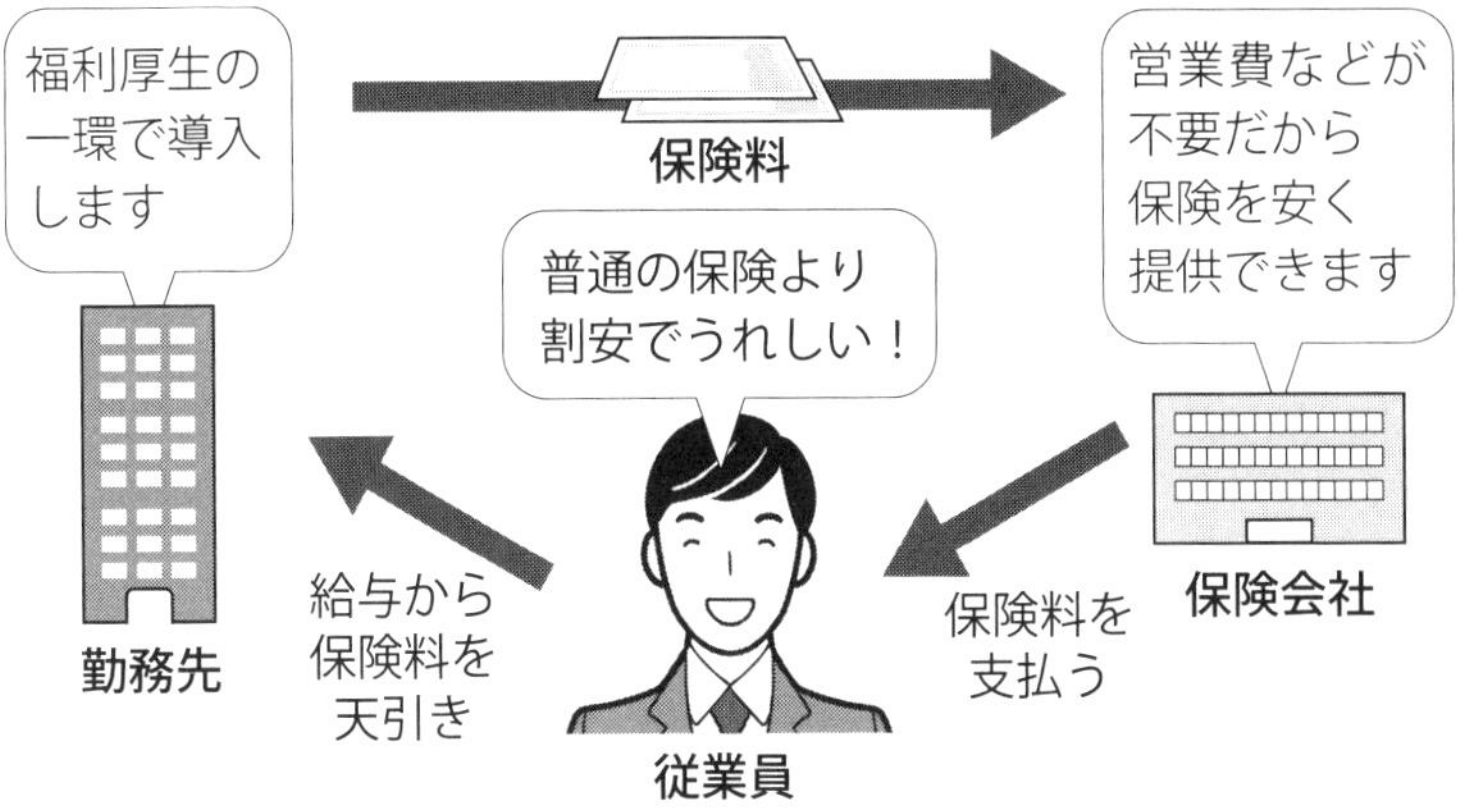
福利厚生の一環で導入します
保険料
営業費などが不要だから保険を安く提供できます
普通の保険より割安でうれしい！
勤務先
給与から保険料を天引き
従業員
保険料を支払う
保険会社

保険料が安いのはありがたいけれど…

病気が原因で退職したら新しい保険に入れない
転職した場合は保険が継続できない
（定年退職の場合は継続できるものもある）
自分で保険会社や支払い方法を選べない

…という事態が起こる可能性がある

個人で保険に加入しておいて必要があれば団体保険で上乗せする使い方がおすすめ

14 会社の制度は使ったほうがいいの？⑤ 企業型確定拠出年金

企業型確定拠出年金（企業型ＤＣ）は、会社が出したお金（掛金）を社員みずから運用して、老後の資金を作る制度です。運用の成果は60歳以降に受け取れます。６章で登場するｉ《イ》Ｄ《デ》ｅＣ《コ》ｏ（個人型確定拠出年金）との違いは左表にまとめました。

企業型ＤＣには、**３つの節税メリット**があります。

まず、掛金が給料として扱われないことです。掛金を給料としてもらうと、税金や社会保険料が引かれますが、企業型ＤＣならばそれらが引かれる前に積み立てることができるのでお得です。

次に、運用益が非課税になることです。通常、運用で得られた利益には２０・３１５％の税金がかかりますが、企業型ＤＣならばこの税金もゼロにできます。

そして、受け取るときも税金の優遇が受けられることです。一時金としてまとめて受け取るなら退職所得控除、年金で受け取るなら公的年金等控除が受けられ、税金が安くなります。

企業型ＤＣを導入している会社では、従業員全員が加入しているケースがほとんどです。ぜひ活用してほしい制度ですので、ｉＤｅＣｏとともに６章で改めて詳しく紹介します。

2つの確定拠出年金の違い

	企業型DC	iDeCo（個人型確定拠出年金）
加入者	制度を導入している会社の60歳未満の従業員（基本的に全員加入）	60歳未満の加入希望者（加入は任意）
拠出者（掛金を出す人）	会社 個人でも上乗せ可能（マッチング拠出）	加入者本人
掛金の納付方法	会社が一括で支払う（マッチング拠出の分は給与天引き）	給与引落もしくは口座振替
運用者（どの商品を買うか決める人）	加入者本人	
運用商品（買うことのできる商品）	会社が利用する運営管理機関（金融機関）が扱う商品の中から選ぶ	運営管理機関（金融機関）を自分で選ぶので、好きな商品が買える

3つの節税メリット

掛金が給料扱いされない　**運用益は非課税**　**受取時に節税**

企業型DCもiDeCoも税金を減らしながら老後資金を増やせるお得な制度！

（6章で詳しく解説）

コラム

●外貨預金はＮＧ！　これだけの理由●

米ドルやユーロなど、外国の通貨で預金する外貨預金。「日本の銀行預金よりも高い金利がもらえる」などとメリットが語られますが、はっきりいってＮＧ商品です。

外貨預金の最大の弱点は、円高です。外貨預金は、始めた当初よりも円安になれば利益を得られますが、円高が続くと損失が膨らみます。たとえば、1米ドル（以下、ドル）＝100円のときに100万円をドルに換えて、1万ドル預金したとします。これが1年後、1ドル＝120円と円安になっていれば120万円になりますが、1ドル＝80円と円高になっていれば、80万円に減ってしまうのです。

外貨預金は手数料が非常に高いのもNGです。外貨預金では、「日本円を外貨に換えるとき」と「外貨を日本円に換えるとき」の両方に手数料がかかります。たとえば、大手銀行では1ドルにつき約1円（片道）です。仮に大手銀行にて1万ドルの外貨預金を行った場合、円からドルにし、ドルから円に戻すだけで手数料は合計2万円に。手数料で大損します。

さらに、外貨預金は預金保険制度の対象外です。万が一金融機関が破綻した場合、円預金ならば1人あたり1金融機関につき元本1000万円とその利息が保護されますが、外貨預金はいっさい保護されません。つまり、外貨預金は「預金」とは名ばかりの、リスクだけが高い商品なので、おすすめしません。

4章

自分自身が働いて収入を増やす

1 雇用形態によって待遇が違う

余計な支出を減らし、お金が貯まる状態を作りました。ここまでくれば、あとはお金を増やすことを考えます。本章では**働いてお金を増やす**ことを取り上げます。

会社に勤めている方はみな、何らかの形で会社に雇用されています。会社の雇用形態には、正社員（正規社員）、契約社員、派遣社員、パート・アルバイトなどがあります。正社員以外の雇用形態で働く人をまとめて非正規社員と呼ぶこともあります。そして、働く人の事情に合わせて、どんな働き方をするかを選ぶことができます。

ただ、待遇面には雇用形態によって差があります。正社員の方が給与は多く、ボーナスも受け取れるうえ、社会保険や福利厚生、退職金なども充実しています。一方、非正規社員の場合は、これらの待遇面で正社員にかなわないことが少なくありません。

２０２０年４月、大企業で同一労働同一賃金が導入されました（中小企業では２０２１年４月から）。雇用形態の違いによる不合理な待遇差が禁止される、とされていますが、現状ではまだ正社員の方が手厚い待遇を受けられるでしょう。

雇用形態と待遇

<table>
<tr><th></th><th>正規社員</th><th colspan="3">非正規社員</th></tr>
<tr><th>勤務形態</th><th>正社員</th><th>契約社員</th><th>派遣社員</th><th>パート・アルバイト</th></tr>
<tr><td>雇用期間</td><td>定めなし</td><td>定めあり</td><td>派遣期間のみ</td><td>定めあり</td></tr>
<tr><td>勤務時間</td><td colspan="2">長時間</td><td colspan="2">短時間・長時間両方あり</td></tr>
<tr><td>有給休暇</td><td>あり
（ただし取りにくい場合もある）</td><td colspan="2">あり
（正社員よりは取りやすい）</td><td>あり
（ただし取りにくい場合もある）</td></tr>
<tr><td>転勤</td><td>あり</td><td>基本的になし</td><td>派遣先が変わらなければなし</td><td>なし</td></tr>
<tr><td>昇給</td><td colspan="2">あり</td><td colspan="2">ほとんどない</td></tr>
<tr><td>賞与</td><td>あり</td><td rowspan="2">契約次第だがない場合も多い</td><td colspan="2">ない場合が多い</td></tr>
<tr><td>退職金</td><td>あり</td><td colspan="2">なし</td></tr>
<tr><td>社会保険</td><td colspan="2">あり</td><td>派遣会社の社会保険に加入</td><td>会社の規模や賃金額、勤務時間による</td></tr>
</table>

待遇面で見れば
正社員の方が充実している

2 正社員と非正規社員の生涯給与差は1億円

国税庁「民間給与実態統計調査」（平成30年分）によると、平成30年に1年を通じて勤務した給与所得者の平均給与額は４４０・７万円で、前年に比べて２％増加しています。しかし、その内訳を見ると、正社員のみの平均は５０３・５万円、非正規社員のみの平均は１７９・０万円。**正社員と非正規社員の平均給与は、実に年３２４・５万円も違う**のです。

もっとも、非正規社員の中にはフルタイムの方だけでなく、短時間勤務の方も含まれています。ですから、フルタイムの方だけを抜き出して比較したら、ここまでの差はありません。

しかし、仮に22歳から60歳までの38年間、ずっとこの給与差が続いたとしたら、単純計算で1億２３３１万円もの差がつきます。そのうえ、前ページで紹介した給与面以外の待遇差は、ここには反映されていません。その分まで考慮すれば、正社員と非正規社員の差は、とてつもなく大きくなるのです。

お金の面を考えれば、正社員でいることが何よりまず大切といえます。出産などで一時休職した女性も、正社員として復帰し、仕事を続けた方がお金の面では有利でしょう。

平均給与はこれだけ違う

平均給与の推移

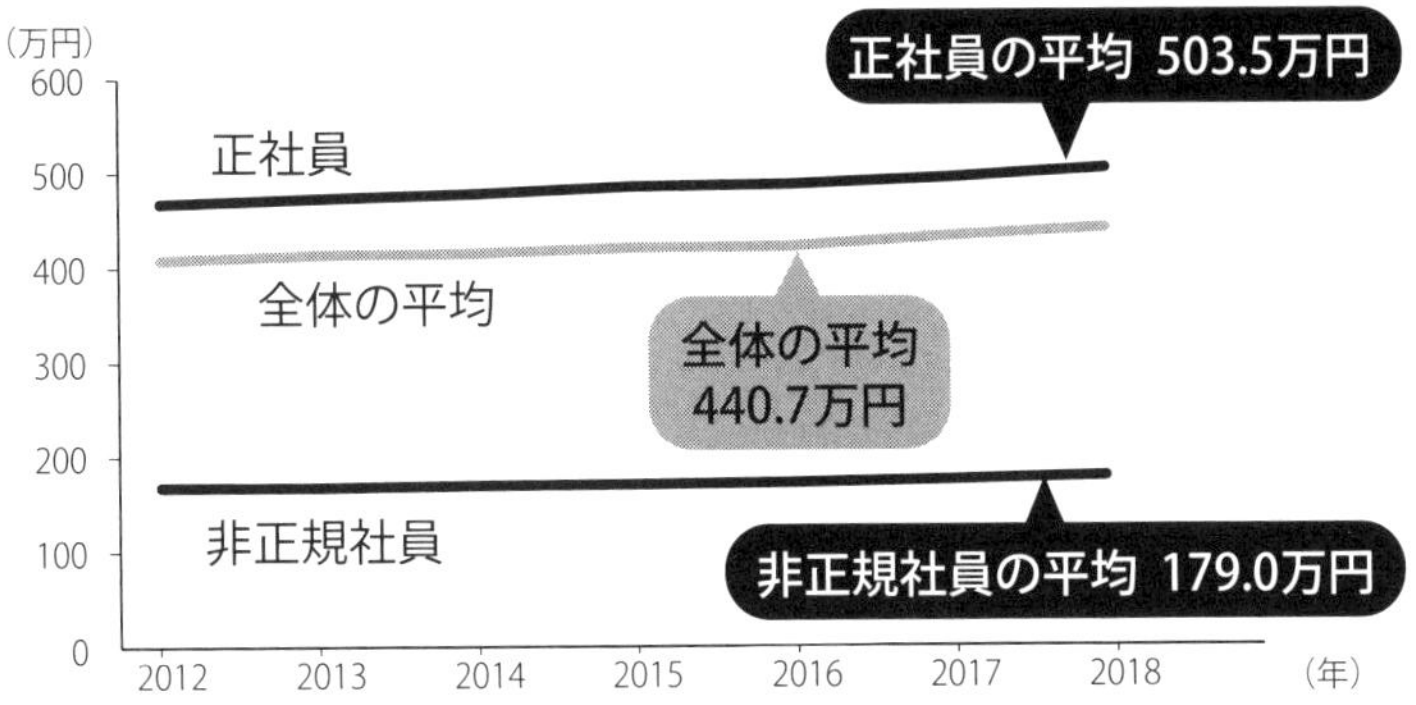

国税庁「民間給与実態統計調査」（平成30年分）より作成

22歳から60歳までずっとこの給与差が続いたら…

正社員の給与

503.5万円×38年
＝１億9,133万円

非正規社員の給与

179.0万円×38年
＝6,802万円

単純計算で **約１億2,000万円の差**

さらに
- 福利厚生…正社員しか利用できないケースもある
- 退職金…正社員にしか支給されないケースもある
- 厚生年金…収入の多い正社員の方が多くなる

給与以外の
差も大きい

※同一労働同一賃金により是正される可能性もあるが、現状は不透明

お金の面を考えれば
正社員でいるべき

3 転職よりも副業を考えよう

「今の勤め先で努力しても収入が増えそうにないから」と、転職をする人もいます。しかし、収入アップを目的とした転職はなかなかうまくいかないのが現実です。転職先の仕事が「天職」になるとは限らず、再び転職するはめになる可能性があります。それに会社も、これから活躍するかが未知数の人に高いお金を支払うのはリスクですから、給与の金額提示には慎重です。ましてや、新型コロナの影響によって経済に大幅な変化が起こっている状況です。よほどの実績や、他人にはないスキルを持っているというのであれば別ですが、そうでなければ、転職で収入アップは難しいでしょう。

転職が難しいならば、**副業**をするのはいかがでしょうか。2018年、厚生労働省が会社員の「副業・兼業」を提唱したことを機に、副業を認める会社が増えています。本業の仕事の中身は、会社で決められます。しかし、副業ならば何をするのも基本的に自由ですから、みなさんが好きな仕事・得意な仕事をすればいいのです。本業ではできない人のつながりやスキルアップができます。さらにその道を極めれば、会社の枠を飛び越えて「あなたと仕事がしたい」と言われることもあります。副業は収入増だけでなく、自分の成長も狙える仕事なのです。

転職で給料は増える？

転職後の賃金が増えた人・減った人の割合

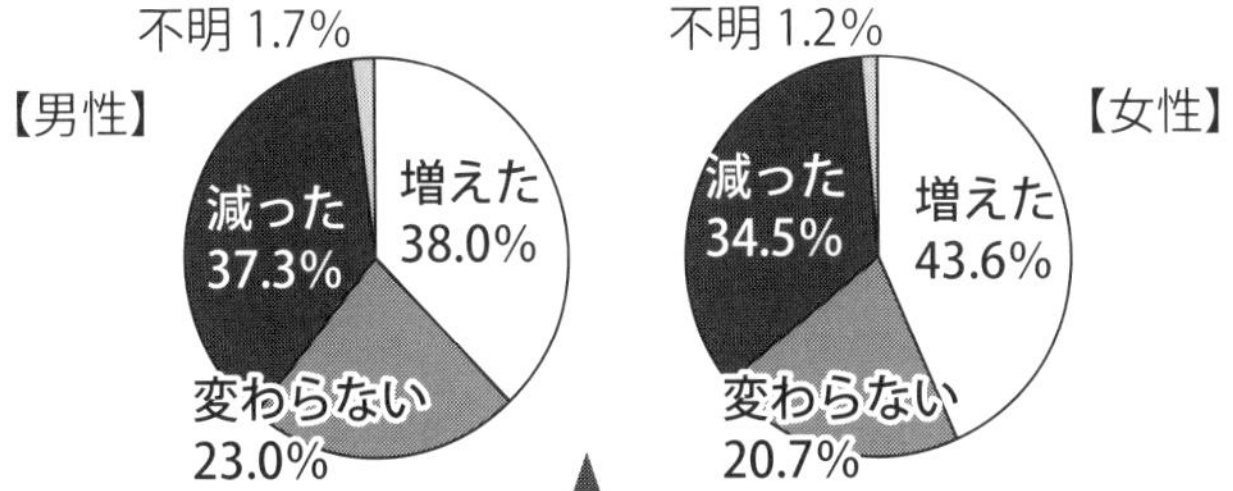

収入が増えた人は約４割
＝変わらない人・減った人が約６割

年齢別の増減状況

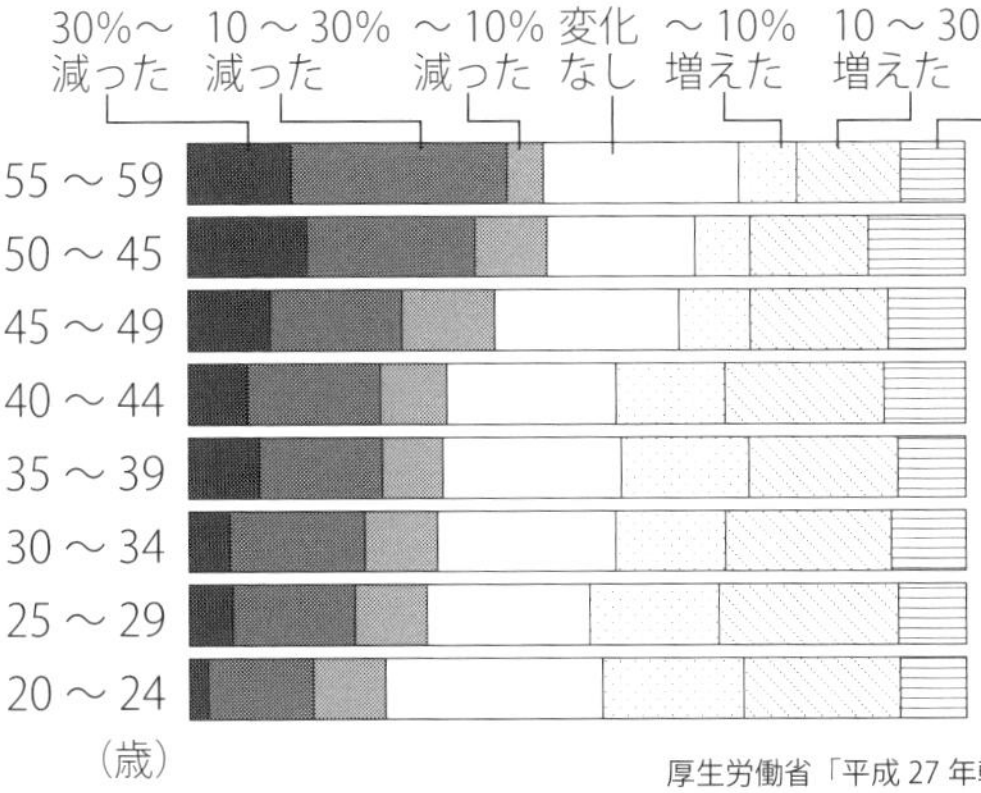

転職による
収入アップは難しい

むやみに
転職するのは
NG！

厚生労働省「平成 27 年転職者実態調査の概況」より作成

転職するよりも副業などで
今の仕事を続けつつ収入を増やそう

4 副業でインターネットをフル活用する

副業として人気が高いのは、インターネットを活かしたものです。なかでも始めやすいのは、**クラウドソーシング**です。クラウドソーシングとは、仕事を探している人と発注する人のマッチングサービスです。たとえば「ランサーズ」では、さまざまな仕事が紹介されています。その中から、やりたい仕事に応募し、仕事をこなすことで、報酬がもらえます。

とはいえ、ライティングや入力などのクラウドソーシングサービスは、単価が低いのがデメリットです。単価を上げて、かつ自分の得意や強みを前面に打ち出したいならば、自分の時間を30分単位で売買できる「タイムチケット」といったサービスもあります。

無理に転職しなくても、副業や兼業で、好きなときにお金を稼ぐことができます。自分の得意なことなら苦にはならないはずです。また、副業の経験が、本業に生きてくることもきっとあるでしょうし、本業をしのぐ売り上げが見込めそうならば個人事業主（フリーランス）という働き方もあります。独立を視野に入れている人は、ランサーズやタイムチケットで自分の仕事にニーズがあるのかを検証するのに活用するのも良いでしょう。

クラウドソーシングで副業をしよう

クラウドソーシングのしくみ

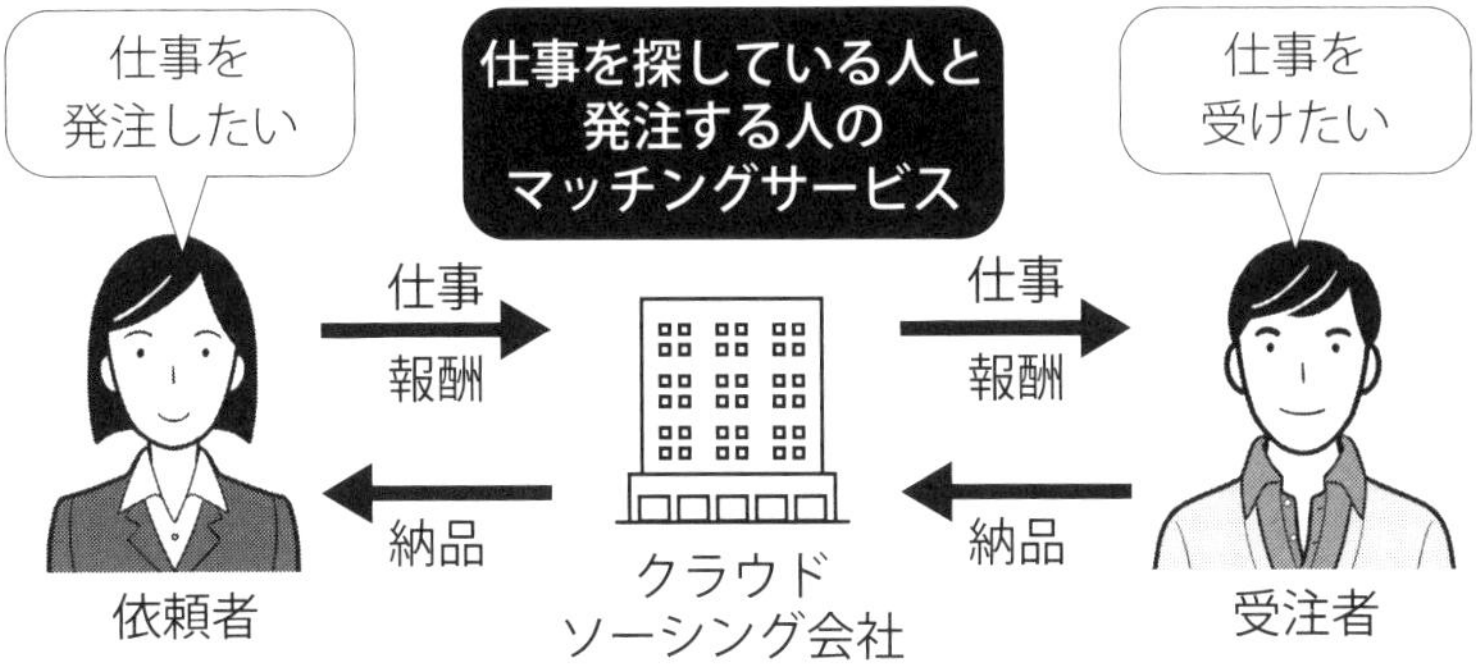

主なクラウドソーシングサイト

ランサーズ
https://www.lancers.jp/

クラウドソーシングサービス最古参。すでに10年以上の運営実績がある

タイムチケット
https://www.timeticket.jp/

30分単位の「チケット」を発行し、購入者にサービスを提供する

自分の好きなこと・得意なことを
必要としてくれる人を見つけよう

5 「スペシャリスト×信用力」が成功の鍵

副業の先にあるのが個人事業主（フリーランス）としての働き方です。

収入を増やすには、「数をこなす」か「単価を上げる」かが必要です。前者であれば、クラウドソーシングを使えば、相当数仕事をこなせますが、多くの場合「貧乏暇なし」の状態が続きます。長期間続くと心も身体も朽ちてしまうでしょう。

よって、考えるべきは**「単価を上げる」**です。単価を上げるには、尖った能力・スキルを持つスペシャリストになることと、信用力（評判）を上げることの2つに尽きると筆者は考えます。

スペシャリストになるための一番の近道は、その業界で一流の人や第一人者の技を徹底的に盗み、自分のものにすることです。積極的に学ぶことで道は開けます。「あなたと仕事がしたい」という信用を勝ち取るには「有言実行」と「不言実行」を淡々と続けることです。有言実行は、目標・期限を定めて公言し実行すること。不言実行は、公言しないが一定の成果をあげるべく実行することです。

今はＳＮＳで誰もが発信できる時代です。嘘はダメですが、積極的に発信し、見てもらえる人になりましょう。ファン（フォロワー）がたくさんいれば、それが仕事に結びつくこともあります。

個人事業主のメリットとデメリット

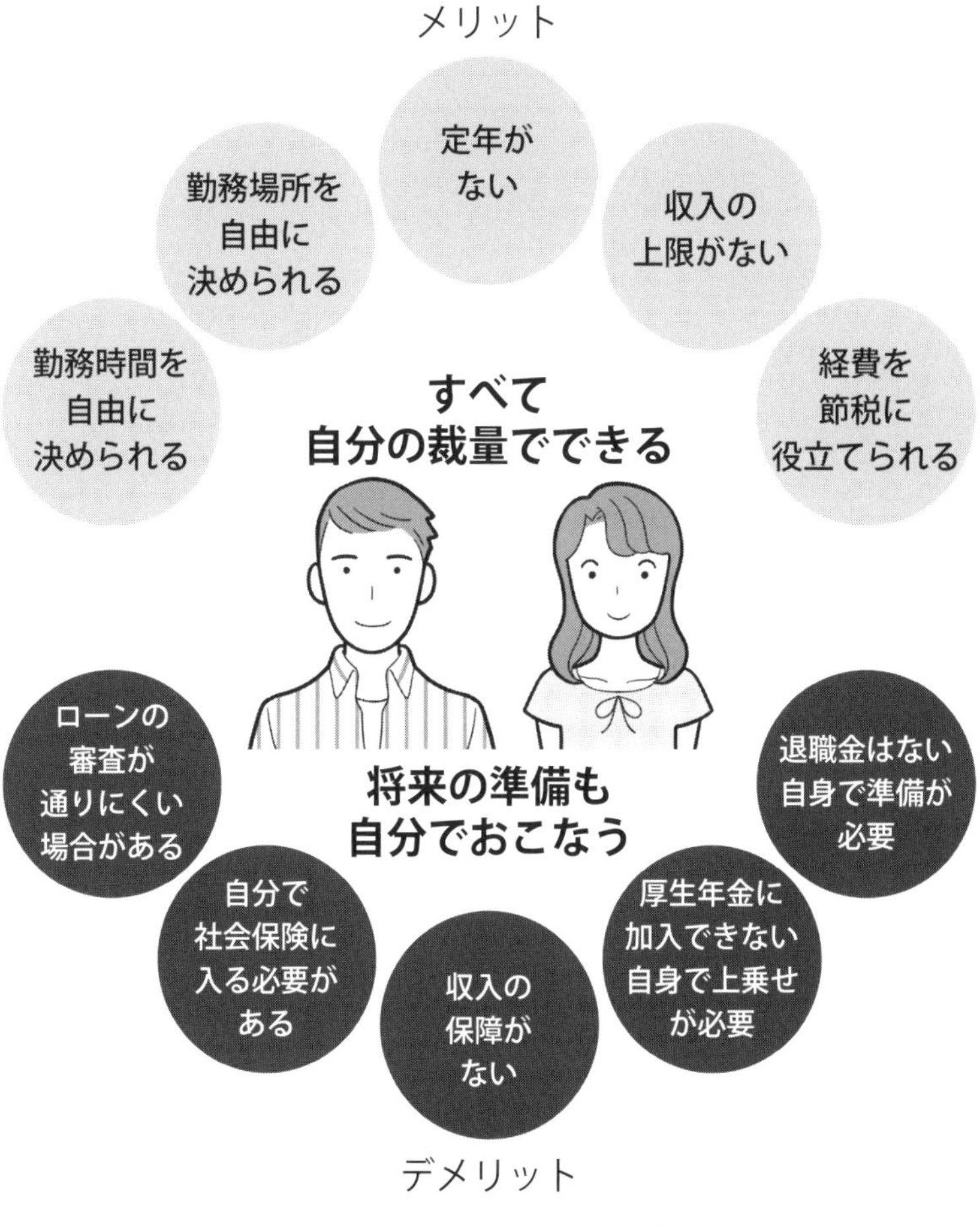
メリット
定年がない
勤務場所を自由に決められる
収入の上限がない
勤務時間を自由に決められる
経費を節税に役立てられる
すべて自分の裁量でできる
ローンの審査が通りにくい場合がある
退職金はない自身で準備が必要
将来の準備も自分でおこなう
自分で社会保険に入る必要がある
厚生年金に加入できない自身で上乗せが必要
収入の保障がない
デメリット

個人事業主の成否は自分次第
SNSを積極的に活用しよう

6 長く働けば老後の心配は減る

会社勤めの正社員は、希望すれば65歳まで働けます。しかし、多くの方は60歳以降、受け取れる給与が減るのが現状です。多くの会社では、60歳でいったん定年したあと、希望者を改めて65歳まで再雇用するからです（高年齢者雇用安定法）。

しかし、たとえ給与が減ったとしても、**60歳以降も続けて働くべき**です。なぜなら、今や平均寿命は女性87・45歳、男性81・41歳（２０１９年簡易生命表）まで延びていますので、その分老後のお金がかかるからです。長く働けば、お金の心配は減ることでしょう。また、年金を繰り下げ受給すると、もらえる年金額が42％も増えます（１４６ページ）。定年後に個人事業主として独立するという手も良いでしょう。

※慶應義塾大学の岡本翔平氏のレポート（２０１８年）によれば、60歳以降も働いている人の方が健康で長生きだというデータもあります。健康で長生きできることはもちろん、働き続けることにより、社会と何らかの接点を持ち、生き生きとした老後を送れるのではないでしょうか。

※慶應義塾大学の岡本翔平氏は、日本人男性を対象として60歳以降も働いている人と働いていない人の、死亡・認知機能低下・脳卒中・糖尿病のリスクを比較する研究を行っている。

給料は減るが再雇用で働くべき

高年齢者雇用安定法	会社に65歳までの安定した雇用を確保する措置を求める法律

60歳以上の従業員への対応策

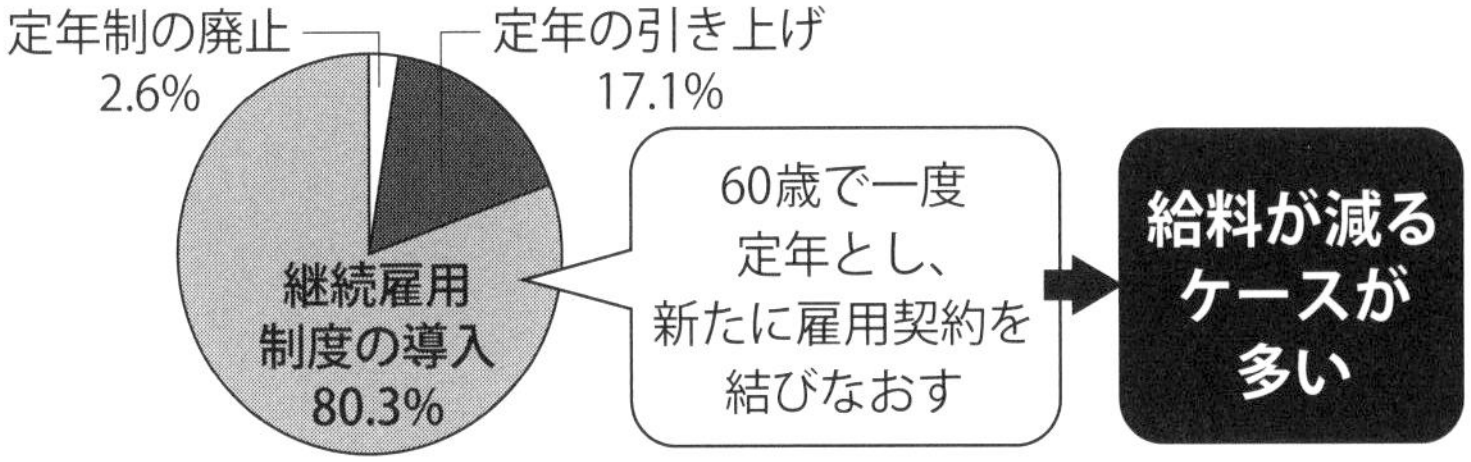
定年制の廃止
2.6%
定年の引き上げ
17.1%
継続雇用制度の導入
80.3%
60歳で一度定年とし、新たに雇用契約を結びなおす
給料が減るケースが多い

厚生労働省「令和元年「高年齢者の雇用状況」集計結果」より作成

働き続けるとどうなるか

定年後に就労していない人で、死亡等が発生するまでの期間と、就労した場合の延長期間

	調査時点から発生までの期間	就労により何年延びるか
死亡	9.4年	1.91年
認知機能の低下	10.58年	2.22年
脳卒中	11.08年	3.35年
糖尿病	8.52年	6.05年

働き続けた方が健康で長生きできそう

※条件を満たした男性1288人（就労者644人と非就労者644人）について、1987年の初回調査から最長で15年後までの、死亡、認知機能の低下、脳卒中、糖尿病の発生の有無（Okamoto S, et al. Bull World Health Organ. 2018 Dec 1; 96(12): 826-33. および「日経Gooday30+」(https://style.nikkei.com/article/DGX-MZO41063840Y9A200C1000000/)より）

老後を豊かで健康に生きるために
60歳以降も働こう

コラム

●借金を減らすのも立派な資産運用●

資産運用と聞くと、投資をしてお金を増やすことをイメージする人が多いでしょう。しかし、もし今借金を抱えているのであれば、優先的に考えたいのは「投資で増やす」よりも「借金を減らす」ことです。

金利は下がっているとはいえ、借金の利息負担はかなり重いのが実情です。資産運用ができる余裕資金があるのであれば、まず、繰り上げ返済などで利息を軽減させることが大切です。

たとえば、3,500万円のマンションを購入し、金融機関から3,000万円（金利1.5％、35年ローン）を借りている場合、総返済額は約3,858万円になります。

仮に、借り入れ3年目に100万円の繰り上げ返済（期間短縮型）を行うと、総返済額は約3,799万円に。100万円で59万円も利息が減るのであれば、効果は大きいといえます。借入金利や借入期間などにより効果は異なりますが、借金がある場合、借入残高を減らすことは、効率の良い資産運用なのです。

カードローンやリボ払いを利用している場合も同じです。リボ払いの金利は15％程度と高いので、繰り上げ返済は効果的です。利息は借入残高に対してかかるので、繰り上げ返済の時期が早ければ早いほど、効果があります。投資で増える可能性にかけるよりは、繰り上げ返済で確実に借金を減らす方が、使えるお金が増えますので、あなたの資産は確実に増えることでしょう。

MONEY PLAN

5章

老後の収入を増やす

1 日本の年金制度は3階建て

老後に一定のお金（年金）をもらう制度を年金制度といいます。年金制度は、大きく**公的年金**と**私的年金**の2つの制度に分けられます。公的年金には、国民年金と厚生年金の2つがあります。対する私的年金には、国民年金基金、企業年金、確定拠出年金、確定給付年金などがあります。

年金制度は**3階建て**と言われます。1階部分の国民年金は全員が加入しますが、2階以降の年金は国民年金の被保険者の種類や、会社の制度の有無などによってどれに加入できるかが異なります。

公的年金は、現役世代（20～60歳）が支払ったお金を高齢者が年金としてもらう、世代間扶養の仕組みです。ですから、将来さらに少子高齢化が進むと、年金の元手となるお金が減り、もらえる年金の額が減ることも考えられます。そうならないように、国は年金の給付金の半分を税金でまかなったり、保険料の一部を運用したり、年金の給付水準を調整（マクロ経済スライド）したりして年金制度を長持ちさせる取り組みを行っています。しかし、それでも長期的に見れば、もらえる年金は減る可能性があります。したがって、公的年金のことを知り、老後資金が不足するようであれば、早いうちから準備しておく必要があるのです。

年金制度の基本構造

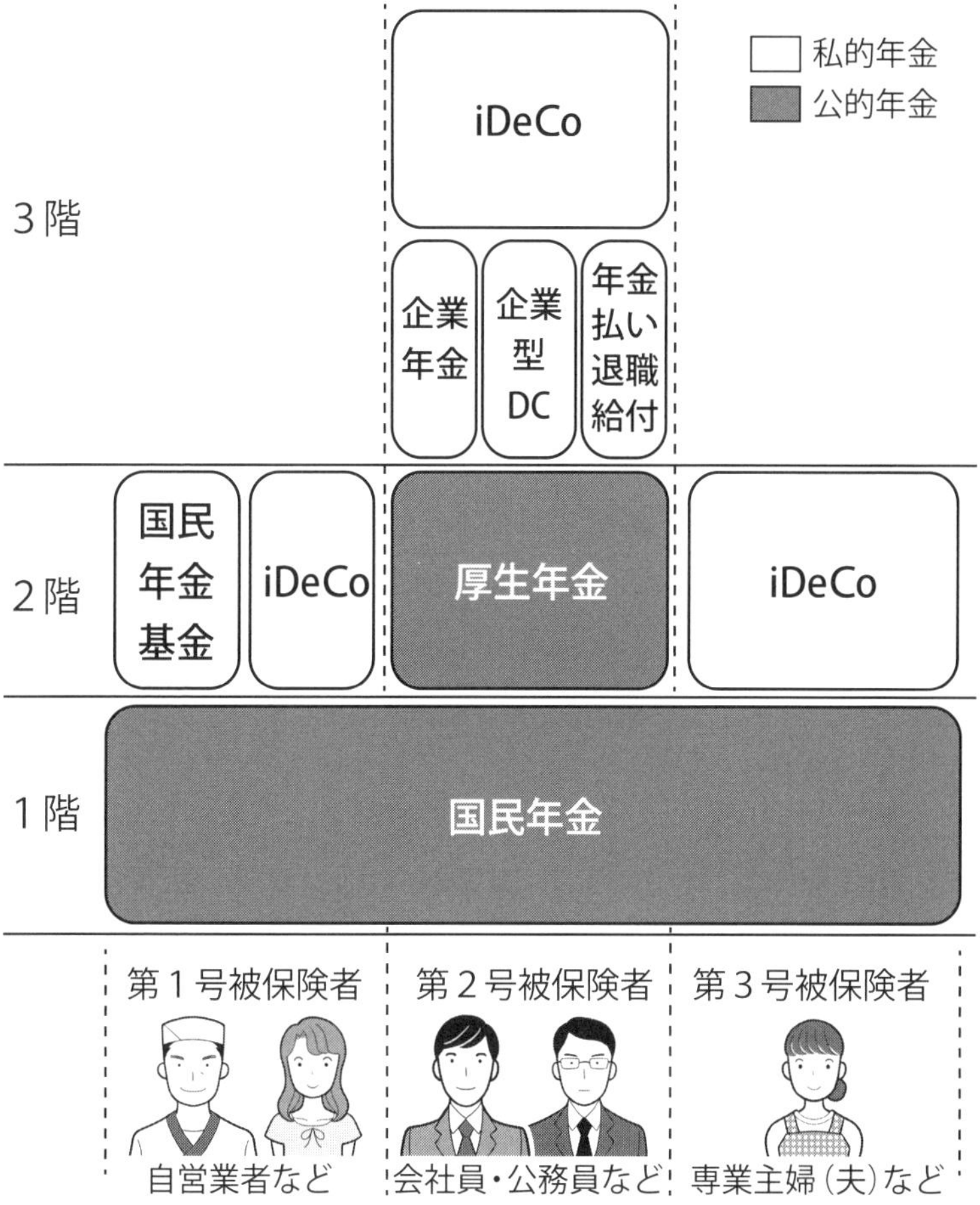

**2種類の公的年金に加え
それに上乗せする私的年金もある**

2 全員が加入する国民年金

国民年金は、**日本に住む20歳以上60歳未満のすべての人が加入する年金**です。原則として40年間、毎月国民年金保険料を支払うことで、65歳から満額の年金（老齢基礎年金）を受け取れます。自営業者やフリーランス、専業主婦などの公的年金は国民年金のみです。

国民年金保険料は毎年度見直されます。たとえば令和2年度は月額1万6540円となっています。この国民年金保険料を40年支払って受け取れる年金の満額は年78万1700円（令和2年度）。月6万5000円程度となっています。年6回、偶数月の15日に2ヵ月分がまとめて支払われるのですが、これだけで毎月生活をするのは厳しいでしょう。

また、未納期間があると受け取れる金額も減ります。たとえば、5年間未納だと年間10万円程度の減少となります。それを防ぐためにも、きちんと国民年金保険料を納めるようにしましょう。

60歳時点で未納期間がある方は、65歳まで国民年金に任意加入をすることで、受け取れる年金の金額を増やせます。また、国民年金保険料は6ヵ月分、1年分、2年分をまとめて前納することで、割引を受けることができます。

国民年金はどれくらいもらえる？

日本に住む20歳以上60歳未満のすべての人が加入する年金

老齢基礎年金の計算式

78万1700円 × 保険料納付月数
480ヵ月（40年間）
（令和２年度）

最低10年（120ヵ月）の支払いが必要

20～25歳までの５年間保険料を払い忘れた人の老齢基礎年金額

例　78万1700円×420ヵ月 / 480カ月 ＝68万3,987円（年間）

満額支給の人は意外と多くない

未納期間を減らして老齢年金の金額を増やす

①学生特例納付制度の追納をする

学生特例納付制度を利用した場合、10年以内に追納すれば未納期間ではなくなる

②納付期限内に保険料を納める

通常は２年以内に納めないと未納となり、後払いできなくなるので注意

③国民年金に任意加入する

未納期間がある場合、60～65歳の５年間任意加入すれば年金額を増やせる

未納期間をなるべく減らして
もらえる金額を増やそう

3 会社員・公務員が加入する厚生年金

厚生年金は、**会社員や公務員が加入する年金**です。会社員・公務員の方は、毎月の給料の総支給額から厚生年金の保険料が引かれているはずです。厚生年金には国民年金も含まれているので、会社員や公務員は国民年金と厚生年金の両方に加入していることになります。

毎月支払う厚生年金保険料は、毎月の給与や賞与をもとに算出する「標準報酬月額」「標準賞与額」の18・3％（２０１７年９月以降）となっています。一見、高く感じるかもしれませんが、厚生年金保険料は労使折半といって、勤務先が半分負担してくれます。自分の負担は半分の９・15％ですから、ある意味お得だといえます。

厚生年金保険料は、加入期間が長く報酬が多いほど、納める金額が増えます。そうして、厚生年金保険料を多く納めるほど、将来もらえる年金（老齢厚生年金）の額も増えます。

厚生年金の受給額の平均は男子16万３８４０円、女子10万２５５８円（厚生労働省「平成30年度厚生年金保険・国民年金事業の概況」）。金額には個人差がありますが、国民年金よりもたくさん受け取っている人が多くいます。

厚生年金はどれくらいもらえる？

厚生年金

会社員・公務員が加入する年金。保険料は会社と本人で半分ずつ出している。

老齢厚生年金の計算方法

【2003年３月まで】

平均標準報酬月額（賞与含まず）× 0.0075 × 2003年３月までの被保険者月数 …①

【2003年４月以降】

平均標準報酬月額（賞与含む）× 0.005769 × 2003年４月以降の被保険者月数 …②

①と②の合計額

【例】　2000年４月から40年間勤めた人の老齢厚生年金額
（平均標準報酬月額：2003年３月まで30万円、４月以降36万円）

・2003年３月まで　30万円×0.0075×36＝81,000円…①
・2003年４月以降　36万円×0.005769×444＝922,117円…②

➡ 合計 100万3,117円

老齢厚生年金の受取額（月額）

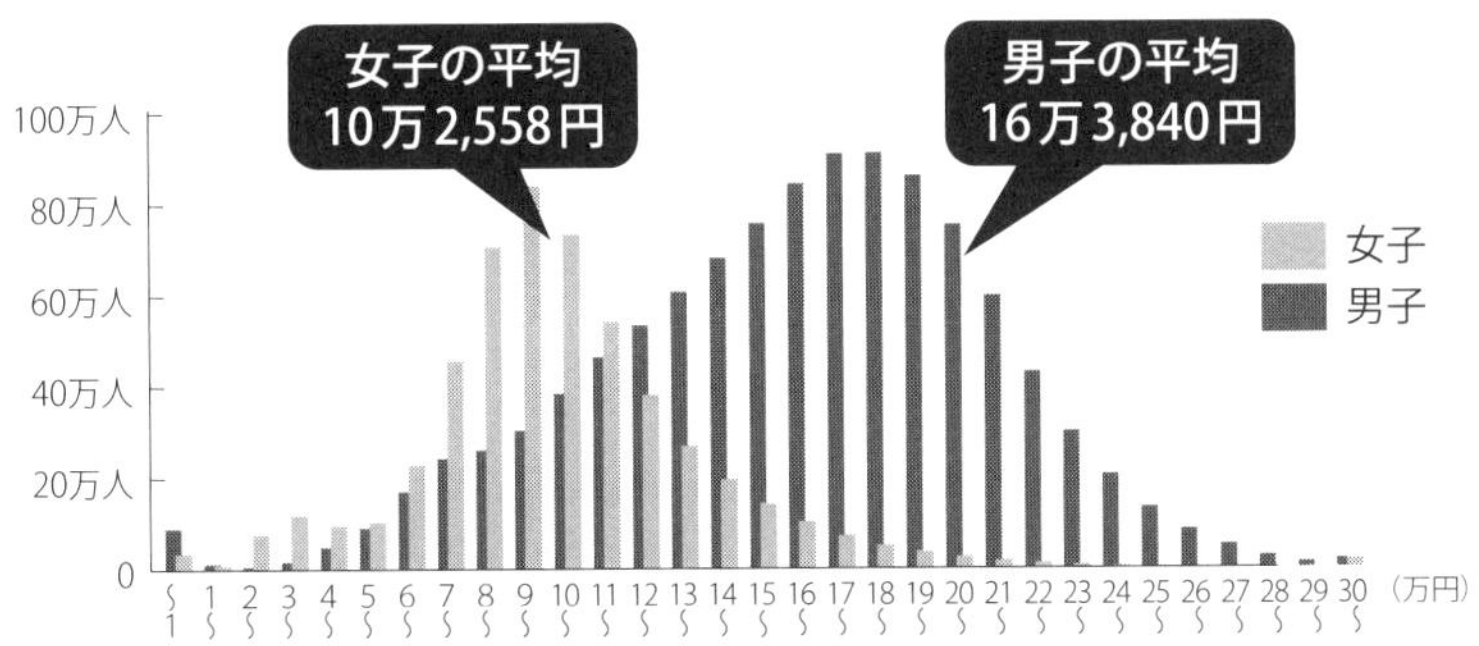

厚生労働省「厚生年金保険・国民年金事業の概況」（平成30年度）より作成

国民年金よりたくさんもらう人が多い

4 年金はいくらもらえる？

前ページでもらえる年金額の計算式を紹介しました。とはいえ、ちょっと計算が面倒くさいという方もいるでしょう。そこで、おおよその年金額がすぐわかる早見表を用意しました。ぜひ、チェックしてください。

縦軸が平均年収、横軸が厚生年金加入期間（会社員・公務員だった期間）です。みなさんのおおよその平均年収と、厚生年金加入期間をたどって合わさったところにある金額が、みなさんが65歳から受け取れる年金の年額になります。

たとえば、平均年収５００万円の方が35年間厚生年金に加入していた場合、受け取れる年金額は年１７４万８５００円となります（国民年金の満額78万１７００円を含んだ金額）。これを12で割ることで、毎月の年金額がわかります。この例の場合、おおよそ14万５７００円となります。

老後の収入が年金だけという場合は特に、「受け取れる年金額がこれでは心配」という方がほとんどでしょう。ですから、**公的年金を増やしたり、私的年金を利用したりして、自助努力で年金を準備する必要がある**のです。

毎年もらえる年金予想額早見表

平均年収	厚生年金加入期間						
	5年	10年	15年	20年	25年	30年	35年
200万円	83万7,600円	89万3,500円	94万9,400円	100万5,300円	106万1,200円	111万7,100円	117万3,000円
250万円	85万700円	91万9,800円	98万8,900円	105万7,900円	112万7,000円	119万6,100円	126万5,100円
300万円	86万3,900円	94万6,100円	102万8,300円	111万600円	119万2,800円	127万5,000円	135万7,200円
350万円	87万7,100円	97万2,400円	106万7,800円	116万3,200円	125万8,500円	135万3,900円	144万9,300円
400万円	89万200円	99万8,700円	110万7,300円	121万5,800円	132万4,300円	143万2,800円	154万1,400円
450万円	90万6,700円	103万1,600円	115万6,600円	128万1,600円	140万6,500円	153万1,500円	165万6,500円
500万円	91万9,800円	105万7,900円	119万6,100円	133万4,200円	147万2,300円	161万400円	174万8,500円
550万円	93万3,000円	108万4,300円	123万5,500円	138万6,800円	153万8,100円	168万9,400円	184万600円
600万円	94万6,100円	111万600円	127万5,000円	143万9,400円	160万3,900円	176万8,300円	193万2,700円
650万円	95万9,300円	113万6,900円	131万4,500円	149万2,000円	166万9,600円	193万2,700円	202万4,800円
700万円	97万2,400円	116万3,200円	135万3,900円	154万4,700円	173万5,400円	202万4,800円	211万6,900円

※国民年金満額（78万1700円）と厚生年金の合計金額　※計算結果は目安です

予想額がわかれば早めの備えもできる

5 ねんきん定期便の見方（表面）

毎年、誕生日が近づくと**「ねんきん定期便」**がハガキや封書で届きます。これを見ると、直近1年の年金保険料の納付状況や将来もらえる年金の金額がわかります。

ねんきん定期便は、50歳未満と50歳以上で書式や記載事項がやや異なります。どちらも左ページに掲載したので、自分に該当する方を確認してください。

表面では、受け取れる年金額の目安と、1年の加入履歴を確認できます。

受け取れる年金額は、50歳未満の場合、もし現時点で受け取った場合の金額が記載されています。このことを知らないと、特に20代・30代の方は「たったこれだけ!?」と驚いてしまうかもしれません。しかし、保険料を納め続ければ、受け取れる金額は増えていきます。一方、50歳以上の場合は、継続して60歳まで保険料を納めた場合に受け取れる年金額が記載されます。

また、どちらの場合も、加入履歴を確認することで、国民年金や厚生年金の支払い状況がわかります。もし漏れがあったり、間違っていたりした場合は、必ず年金事務所に問い合わせてください。特に1年以内に転職をした方や、国民年金の被保険者の種類が変わった方はよく確認しましょう。

ねんきん定期便（表面）

50歳未満の場合

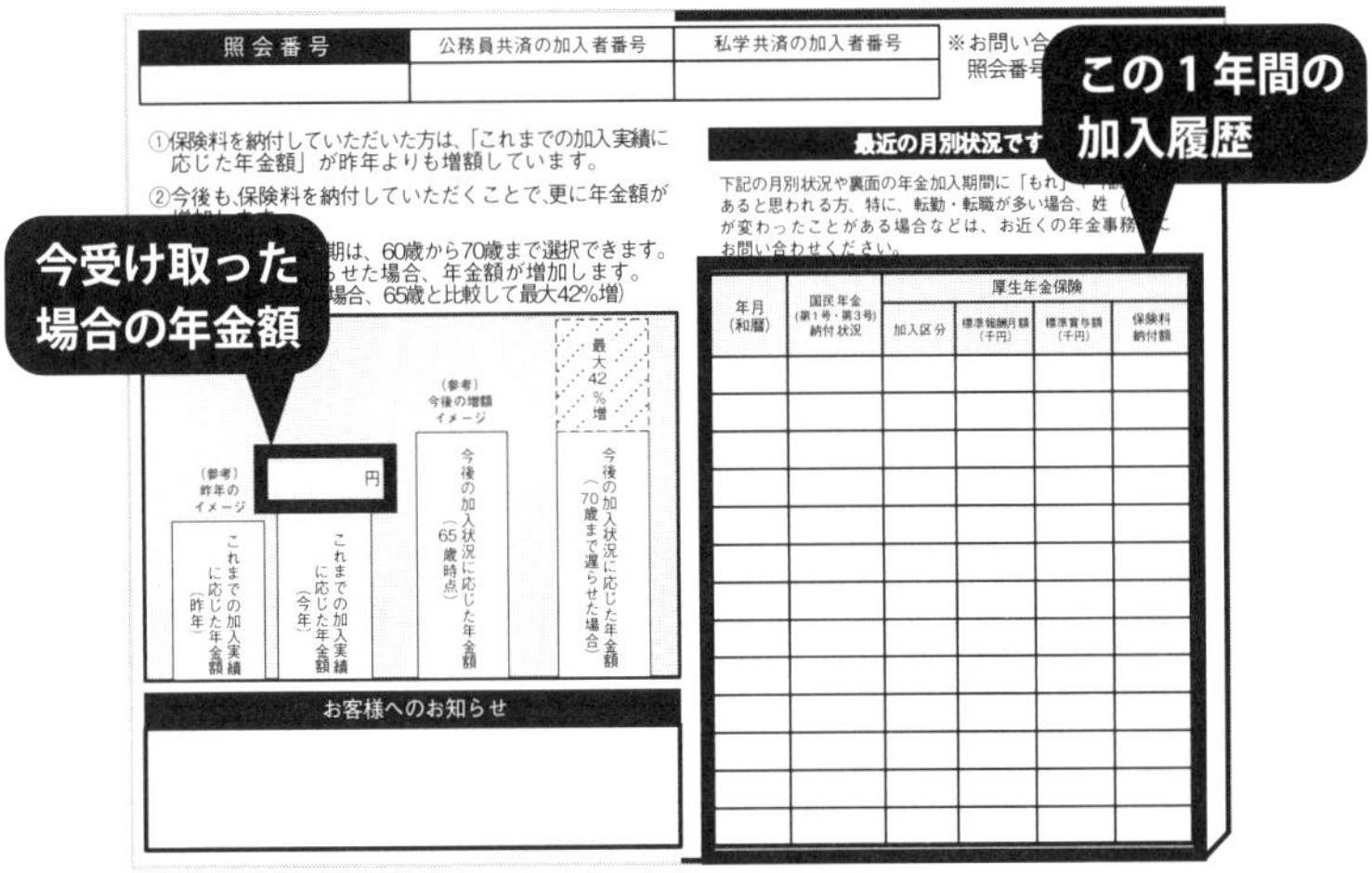

50歳以上の場合

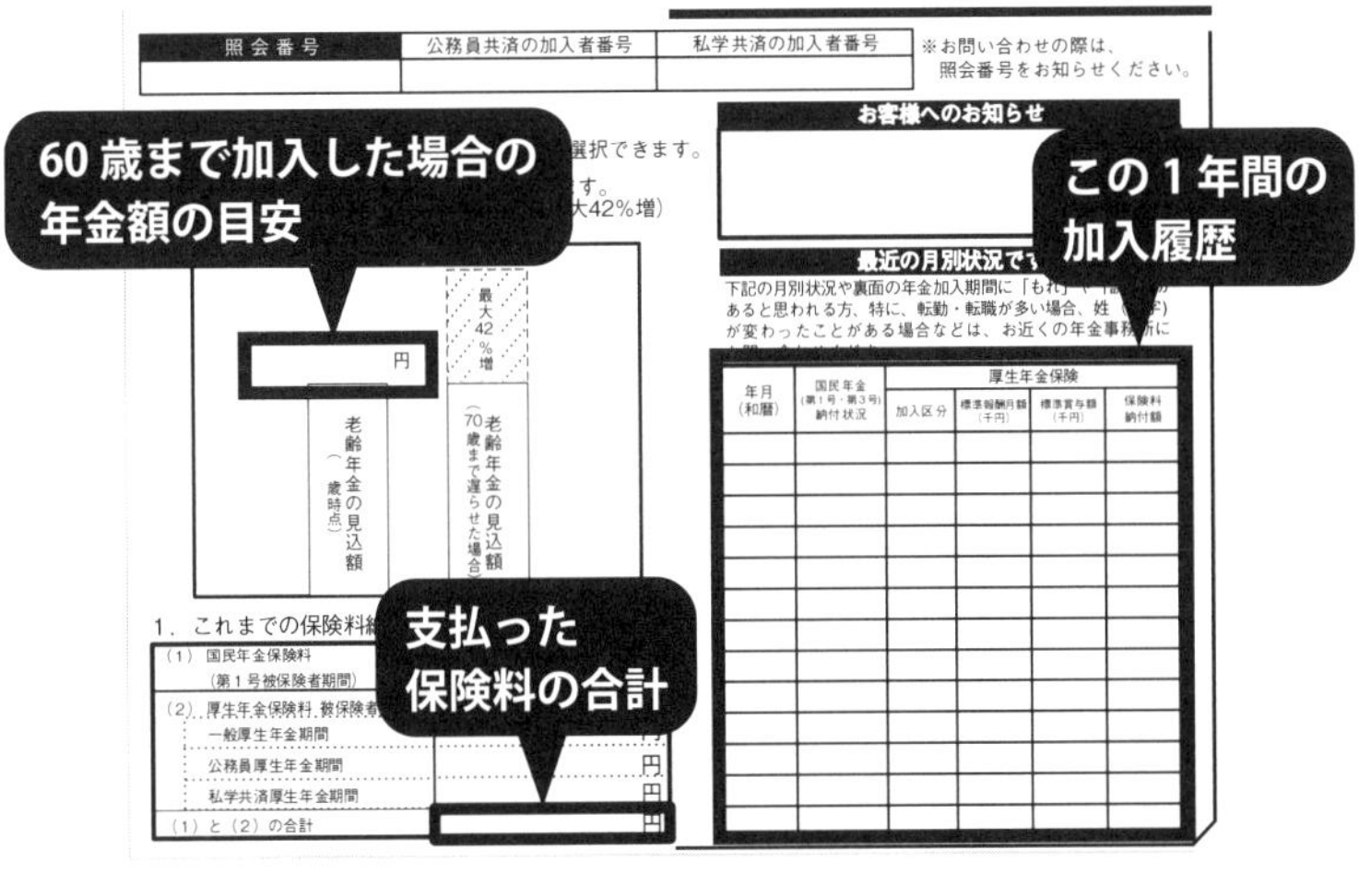

6 ねんきん定期便の見方（裏面）

続いてねんきん定期便の裏面を見てみます。ここには、これまでの保険料納付額（50歳以上の場合は表面）・これまでの年金加入期間・これまでの加入実績に応じた年金額（50歳以上の場合は老齢年金の種類と見込額）が記載されます。表面と同じく、内容に間違いがないかチェックしましょう。

50歳未満の方は「結局、自分の実際の年金額はどのくらい？」と気になるのではないかと思います。

50歳未満の方の年金額は、大まかには次の3つの金額を合計するとわかります。

①年金を今受け取った場合の年金額：ねんきん定期便の「（1）と（2）の合計」

②これから増える国民年金の額（概算）：2万円×60歳までの年数

③これから増える厚生年金の額（概算）：年収×0．55％×60歳までの年数

①の金額をねんきん定期便で調べたら、②と③の金額を自分で計算し、①と合計してみましょう。

より詳しくチェックしたいときは、**「ねんきんネット」**（https://www.nenkin.go.jp/n_net/）が便利です。ねんきん定期便の「アクセスキー」を利用すると簡単に登録できます。ねんきんネットでは、年金受取額の試算ができるほか、ねんきん定期便の内容もいつでも確認できます。

ねんきん定期便（裏面）

50歳未満の場合

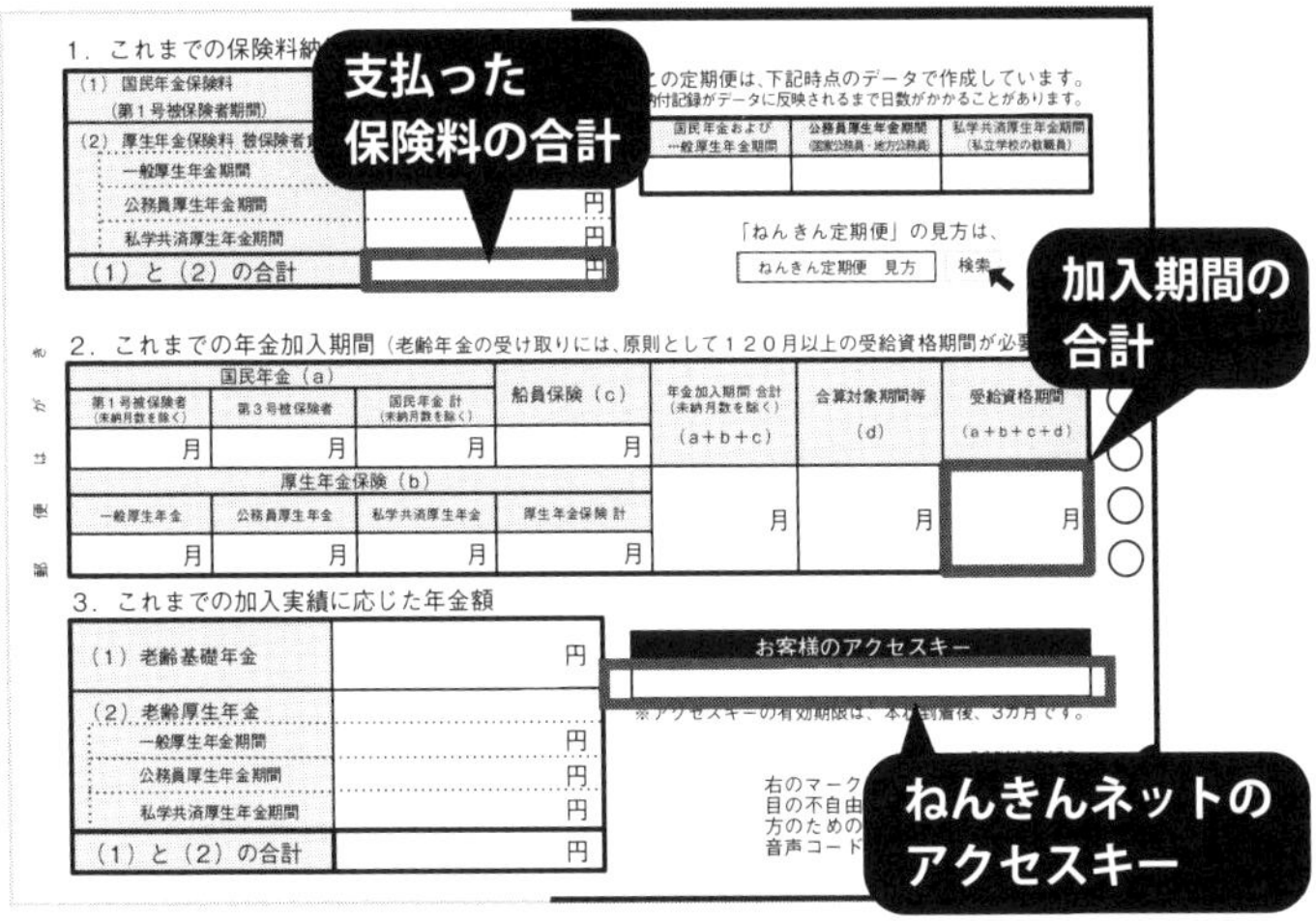

50歳以上の場合

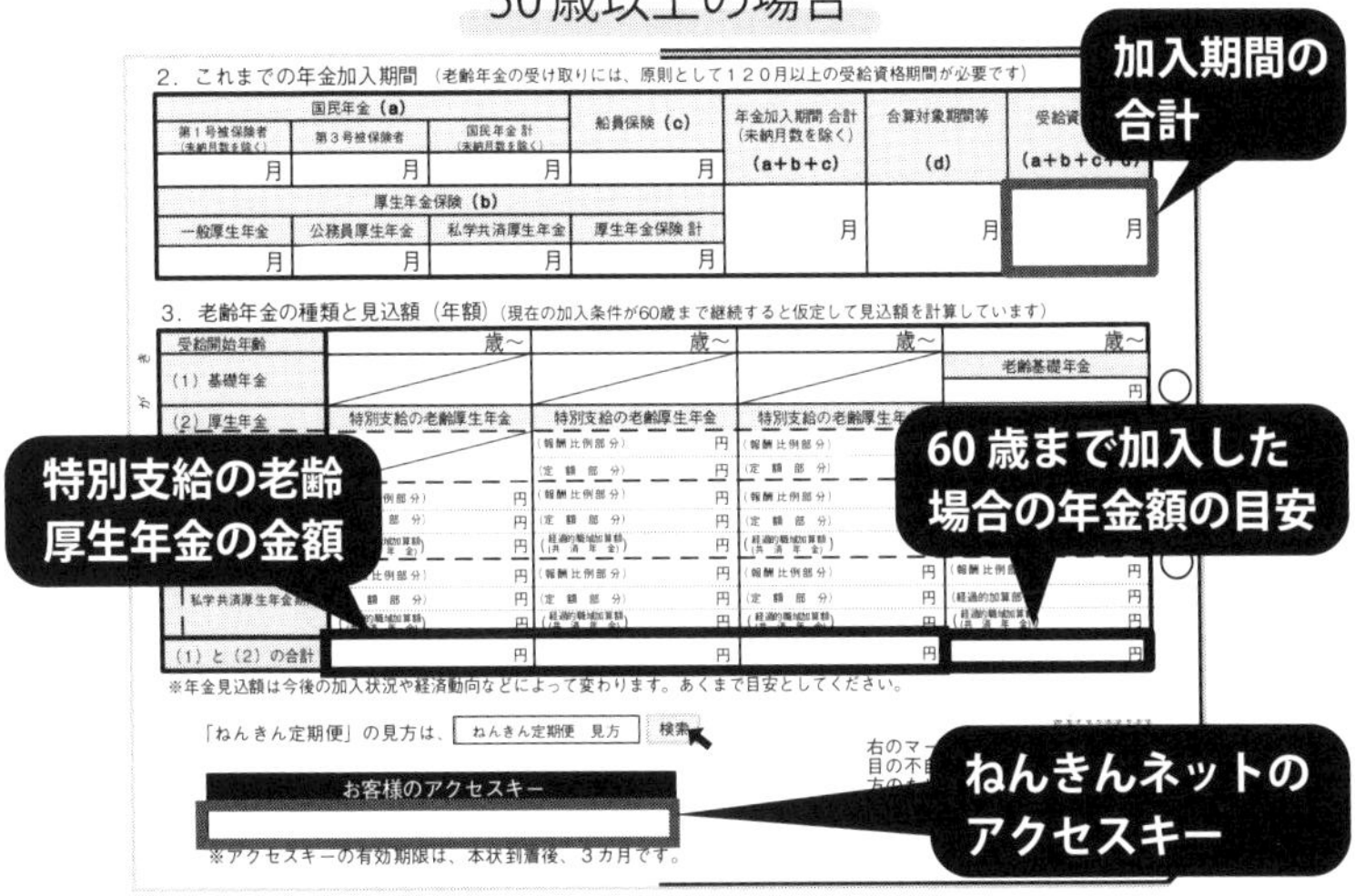

7 公的年金に上乗せする私的年金

国民年金・厚生年金といった公的年金に上乗せする給付を行う年金が私的年金です。

私的年金には、大きく分けて**確定給付型**と**確定拠出型**の2種類があります。

確定給付型は、加入時にすでに将来給付される金額が決まっている年金制度です。将来の予定が立てやすいのがメリットです。自営業などの国民年金の第1号被保険者が加入できる国民年金基金や、会社が導入する確定給付企業年金（ＤＢ）などがあります。

対する確定拠出型は、毎月の掛金の金額が確定している年金制度です。自分で運用を行い、その結果を後から受け取ります。運用がうまくいけば受け取れるお金も増えます。20歳以上60歳未満の方ならほぼ誰でも加入できるｉ《イ》Ｄｅ《デ》Ｃｏ《コ》（個人型確定拠出年金）や、会社で加入する企業型ＤＣ（企業型確定拠出年金）などがあります。

まずは会社の年金にどんな制度があるか（または、ないか）を確認しましょう。ある場合は将来いくらもらえそうか、確認しておくといいでしょう。ない場合も、148ページで紹介するｉＤｅＣｏを利用すれば、自分で年金を積み増すことができます。

確定給付企業年金と企業型確定拠出年金

	確定給付企業年金	企業型確定拠出年金
掛金の金額	運用の結果次第で変わる（掛金は会社が支払う）	あらかじめ決まっている（掛金は会社が支払う）
将来受け取れる金額	あらかじめ決まっている（予定利率により計算）	運用の結果次第で変わる
資産の運用者	会社（運用がうまくいかない場合は会社が補填する）	加入者（個人）（運用がうまくいけばもらえる金額が増えるが、うまくいかなかった場合はもらえる金額が減る）
現在の資産残高の確認	できない	できる
運用商品やプランの変更	できない	できる（預金・保険・投資信託など、あらかじめ決められた商品から自分で選ぶ）
資産の持ち運び（転職・退職時）	転職先の確定拠出年金に脱退一時金相当額を移換できる	転職先の確定拠出年金やiDeCoに年金資産を持ち運ぶこと（ポータビリティ）ができる

近年は、企業型確定拠出年金を導入する会社や、確定給付企業年金から企業型確定拠出年金に切り替える会社が増えている

・会社に企業年金の制度があるか
・将来いくらくらいもらえそうか
を確認しておこう

8 2年で元が取れる付加年金

付加年金は、毎月の国民年金保険料に400円の付加保険料を上乗せするだけで、将来もらえる年金額を増やせる制度です。具体的には「200円×付加保険料を納めた月数」の金額が毎年受け取れる年金額に加算されます。

たとえば、20年間付加保険料を支払った場合、付加保険料の合計は400円×240ヵ月＝9万6000円。それに対し、増える年金額は200円×240ヵ月＝4万8000円です。この増えた分は年金をもらい続ける限り、毎年受け取れます。つまり、**わずか2年で元が取れて、3年目以降からはプラスになる**のです。

付加年金はとてもお得な制度ですが、加入できるのは原則として国民年金の第1号被保険者や任意加入被保険者のみです。会社員・公務員の方や、その配偶者の方などは加入できません。また、老齢基礎年金の受給権（国民年金を10年以上納付していること）がない方や、国民年金基金を利用している人も受給できません。とはいえ、お得な制度には変わりませんので、要件を満たす方はぜひ加入を検討しましょう。

3年目からプラスになる付加年金

付加年金	国民年金保険料に加えて 付加保険料を毎月400円上乗せして支払う ↓ 将来の年金額が毎年 「200円×付加保険料を納めた月数」増加する

【例】 付加年金を20年間利用すると…

400円×12ヵ月×20年間＝**9万6,000円**

9万6,000円多く払うことになるが

将来の年金額が…

200円×240ヵ月＝**年額4万8,000円増える**

2年で元が取れ、3年目からは長生きすればするほどプラスになる！

ただし原則として

国民年金の
第1号被保険者や
任意加入被保険者しか
加入できない

会社員・公務員やその配偶者　国民年金基金の利用者　老齢基礎年金の受給権がない人　などは利用不可

利用可能な人は限られるが
ぜひ利用するべきお得な制度

9 繰り下げ受給で年金を最大42％増やせる

年金をもらうのは原則65歳からですが、60歳から70歳まで（2022年4月より75歳まで）の間であれば、自分で受け取り開始のタイミングを選ぶことができます。年金の受給開始を早めることを**繰り上げ受給**、遅らせることを**繰り下げ受給**といいます。

年金の受給開始を1ヵ月遅らせるごとに、受け取れる年金の金額は0・7％ずつ増加します。70歳時点で、受け取れる金額は最大42％（2022年4月より、75歳まで繰り下げた場合84％）も増やすことができます。逆に、年金の受給開始を1ヵ月早めるごとに、受け取れる金額は0・5％ずつ減っていきます。60歳から受け取ると、受け取れる金額は最大30％も減ってしまうのです。

年金の受給をスタートすると、一生金額を変更できなくなります。どの時点で年金を受け取り始めるのがもっとも得かは、何歳まで生きるかによります。たとえば、65歳から年金を受給した場合、77歳時点で、60歳から受給した人の受給総額を上回ります。平均寿命が毎年延びていることを考えると、老後を豊かにするために、もらえる年金が少しでも増える繰り下げ受給を選んだ方がいいでしょう。

いつから年金を受け取るのが良い？

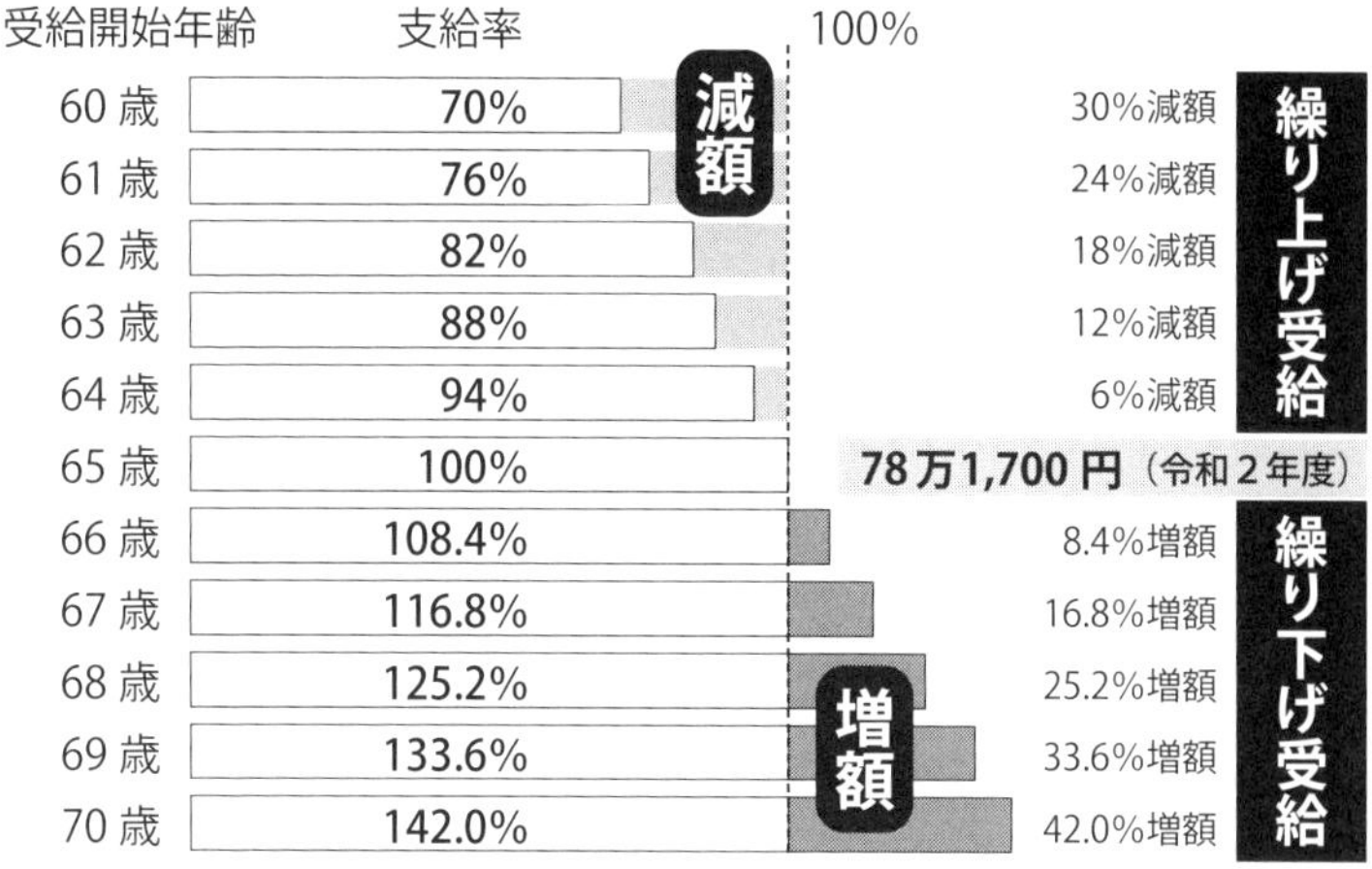

国民年金受給の総額比較

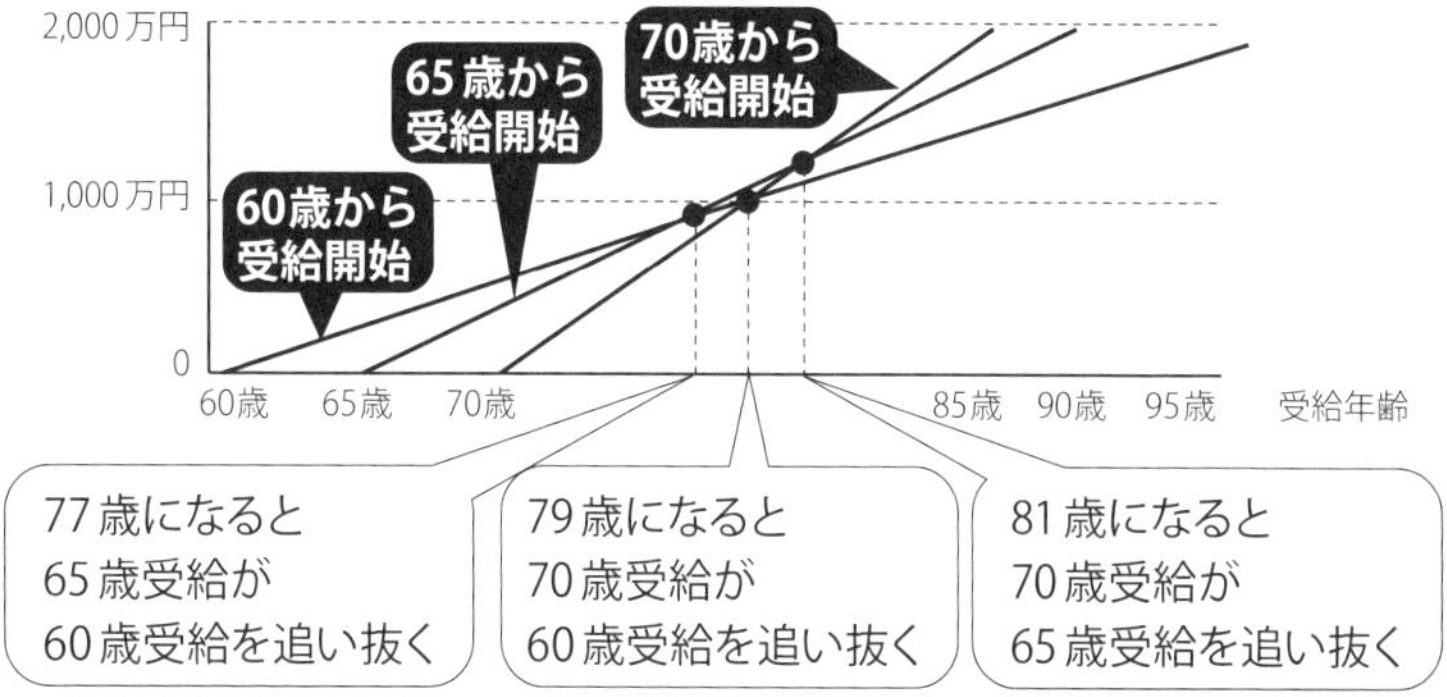

受給開始を繰り下げれば繰り下げるほど
年金額が増えるが
いつまで生きるかを考えることも必要

10 自分で老後資金をつくる・iDeCo《イデコ》

iDeCo（個人型確定拠出年金）は、老後資金を自分でお得に増やせる制度です。

iDeCoでは、毎月一定の掛金を自分で支払って**自分で運用**し、資産を増やします。そうして積み立てたり増やしたりしたお金を60歳以降に受け取ります。運用によってお金が増えていれば、その分老後資金をたくさん受け取れます。

iDeCoは毎月掛金5000円から始められ、1000円単位で掛金を変更できます。基本的に20歳から60歳未満の方（2022年5月より65歳未満）ならば、ほぼ誰でも加入できるのですが、掛金の上限額は働き方や会社の制度によって変わります。

iDeCoのメリットは、**圧倒的な節税効果**にあります。まず、掛金はすべて所得控除の対象になるので、所得税や住民税を減らせます。たとえば、所得税率が5％の人が毎月2万円、年24万円の掛金を出した場合、所得税は掛金の5％にあたる1万2000円、住民税は10％にあたる2万4000円を差し引けるので、合計3万6000円の節税効果が得られるのです。さらに、利益（運用益）が非課税になるうえ、年金を受け取るときにも税金の優遇が受けられます。

iDeCoの概要

利用できる人		20歳以上60歳未満なら誰でも（2022年5月より65歳未満）※1
税制	積み立て時	全額所得控除
	運用中	受け取りが終了するまで運用益非課税
	払い出し時	元本も含めて原則課税※2
拠出限度額	年間	属性により14.4万円～81.6万円
	累計	上限なし
投資対象商品		定期預金、投資信託等
新規に投資できる期間		60歳になるまで（2022年5月より65歳）
損益通算、繰越控除		できない
資産の引き出し		原則60歳まで払い出せない
口座開設・管理手数料		有料※3
最低拠出額		月5,000円から
金融機関の変更		いつでも可能

※1国民年金保険料未納の方は加入不可。厚生年金保険に加入する15歳以上の会社員等は加入可能。
※2退職所得控除または公的年金等控除の対象となり、非課税措置または税負担の軽減を受けられる。
※3口座開設手数料は2829円（税込）、口座管理手数料は月171円（税込）から（金融機関によって異なる）。

iDeCoで60歳以降に受け取る
老後資金を自分で作れる

11 iDeCoを利用できる人・できない人

iDeCo《イデコ》は、**人により掛金の上限額が異なります**。左の図にまとめましたので、掛金の上限額がいくらか、確認してください。

ただ、中には加入できない人もいます。たとえば、国民年金保険料が未納になっている人や、国民年金保険料が免除されている人は加入できません（第3号被保険者は加入できます）。

年齢制限もあります。60歳以上（2022年5月からは65歳以上）の方は入れません。また、60歳時点で加入期間が10年ない場合、年金受け取りの開始時期が最長で65歳まで遅くなります。

自営業・フリーランスの方で、国民年金基金の掛金を上限の月額6万8000円拠出している人も加入できません。6万8000円未満の場合は加入できますが、2つの制度への掛金の合計が6万8000円を超えないようにする必要があります。

3章で紹介した企業型確定拠出年金に加入している人も、iDeCoに加入できないケースがほとんどです。会社の規約で併用が認められていれば加入できますが、現状ほとんど認められていないからです。とはいえこちらは、2022年10月以降、制度改正で加入しやすくなる予定です。

iDeCoを利用できる人の上限額

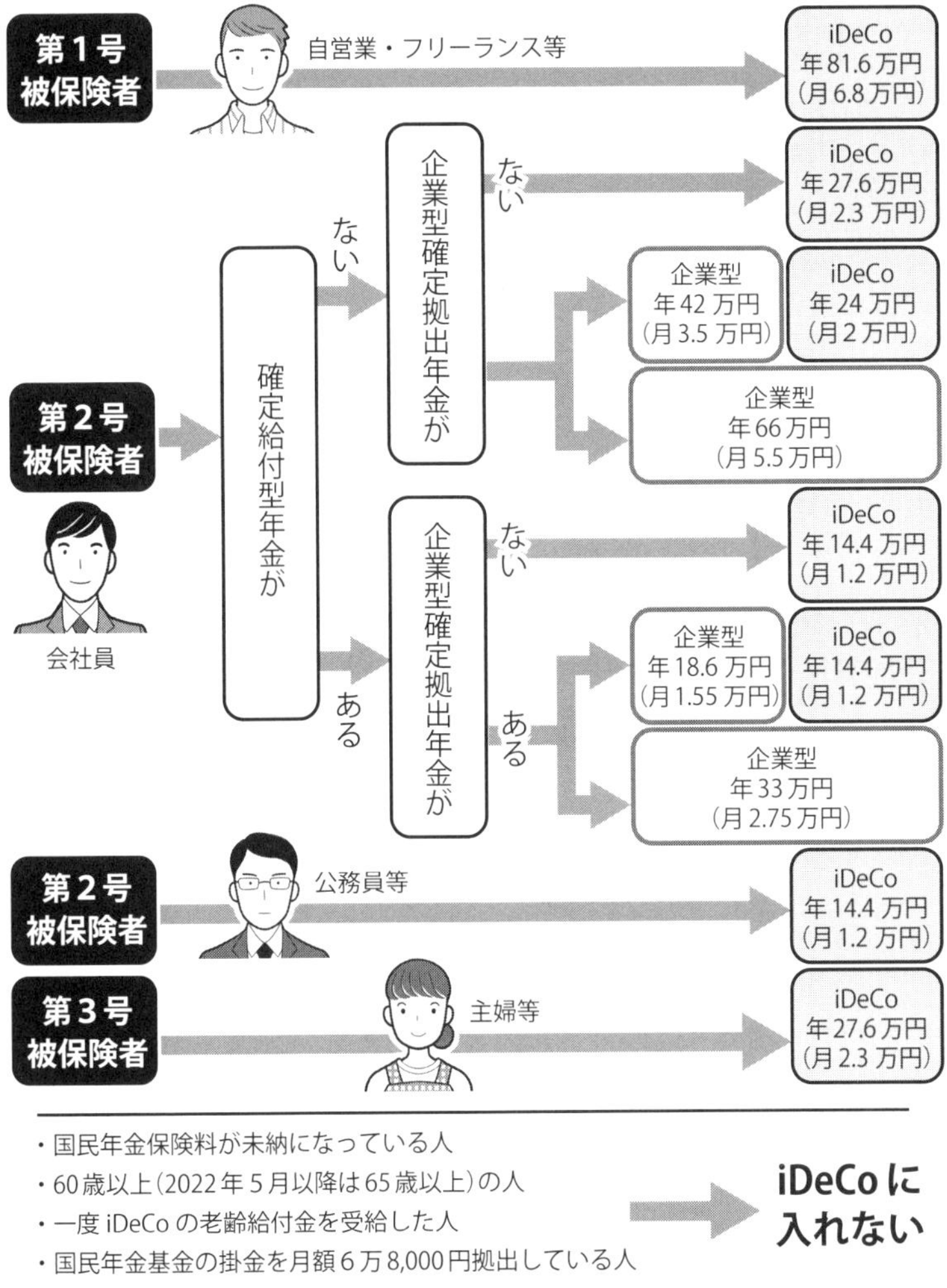
第1号被保険者
自営業・フリーランス等
iDeCo 年81.6万円（月6.8万円）
第2号被保険者
会社員
確定給付型年金が
ない
企業型確定拠出年金が
ない
iDeCo 年27.6万円（月2.3万円）
企業型 年42万円（月3.5万円）
iDeCo 年24万円（月2万円）
企業型 年66万円（月5.5万円）
ある
企業型確定拠出年金が
ない
iDeCo 年14.4万円（月1.2万円）
ある
企業型 年18.6万円（月1.55万円）
iDeCo 年14.4万円（月1.2万円）
企業型 年33万円（月2.75万円）
第2号被保険者
公務員等
iDeCo 年14.4万円（月1.2万円）
第3号被保険者
主婦等
iDeCo 年27.6万円（月2.3万円）
・国民年金保険料が未納になっている人
・60歳以上（2022年5月以降は65歳以上）の人
・一度iDeCoの老齢給付金を受給した人
・国民年金基金の掛金を月額6万8,000円拠出している人
iDeCoに入れない

働き方によって上限額が変わる

コラム

●1株だけでもらえるおすすめ株主優待●

株主に対する会社のプレゼント、株主優待。ほとんどの場合、株主優待がもらえるのは100株以上保有する株主だけなのですが、中には1株だけでもらえる会社もあるのです。わずか数百円～数千円で株主優待が手に入る、主な銘柄を紹介します。

①ジャパンベストレスキューシステム（2453）

「キッザニア」の優待券1枚（3月末・910円）

②マネックスグループ（8698）

500円相当のビットコイン（9月末（1回のみ）・248円）

③日本ケミファ（4539）

基礎化粧品・健康食品の優待セール（3月末、9月末・2,423円）

④NEW ART HOLDINGS（7638）

ジュエリー商品の割引カード、エステサービス契約者向け株主特典、ゴルフ用品割引、軽井沢ニューアートミュージアム無料観覧券（3月末、9月末・620円）

⑤三菱マテリアル（5711）

貴金属製品の購入時や金・プラチナ・銀の購入・売却時に優待価格が適用（3月末、9月末・2,241円）

⑥サカイ引越センター（9039）

引越し代金30%割引券（3月末・4,835円）

・会社名のあとの数字：証券コード（上場会社に割り当てられている4桁の識別番号。検索に便利）
・3月末・9月末：権利確定日（この日に株を保有している株主に株主優待が届く。なお、権利確定日の2営業日前までに株を買う必要がある）
・金額：1株の株価（2020年8月13日時点）
※株式投資の概要は192ページをご覧ください

MONEY PLAN

６章

お金に働いてもらう！資産運用基本の「き」

1 投資を始めていい人・ダメな人

支出・収入を見直してお金が貯まったら、さらに投資でお金を働かせ、増やしていきましょう。

ただし、投資をスタートしてもいいのは、6ヵ月分の生活費を預貯金で確保した人です。そこからさらに、当面使うことのない余裕資金が貯められたら、その分を投資に回すのです。

投資はお金が増えることがある一方、減ることもあります。元本保証はありません。

投資に関する格言に**「命金《いのちがね》には手をつけるな」**というものがあります。日々暮らしていくのに必要な生活費まで投資に回してしまうと、お金が減ったときに路頭に迷ってしまう、という意味です。なんとか生活できたとしても、臨時出費が発生したら、もう対処できなくなってしまいます。ですから、**最低6ヵ月分の生活費を確保してください。**それだけあれば、万が一何かがあっても対処できますし、投資にも余裕を持って取り組めます。

とはいえ、生活費の6ヵ月分の預貯金はなかなか貯まりません。そんなときは、2〜3ヵ月分程度の生活費が用意でき、お金が貯まる感覚がつかめてきたら、様子を見て、月数百円〜数千円だけ投資に回すという方法もアリです。これであれば、投資の感覚を養いながら増やしていけます。

投資は余裕資金で行おう

余裕資金	当面使う予定のないお金。一時的にマイナスになっても困らないため、長期投資をするのに向いている。

投資をしてもいい資産のイメージ

生活費で投資するのはNG！
このお金を働かせよう
この時期は投資はNG
余裕資金
生活費
6ヵ月分
生活費
6ヵ月分
毎月の貯蓄
「命金」と呼ばれる部分
投資をする前に最低でも給料の2～3ヵ月分を貯めよう

投資のしすぎで生活に困るのでは本末転倒。投資は余裕資金で行うようにしよう

2 資産運用の基本は長期・積立・分散

「投資をしたいものの、値下がりで損するのは怖い」という方もいるでしょう。しかし、「**長期・積立・分散**」という資産運用の基本を守れば、投資商品の値動きとうまく付き合うことができます。

長期投資とは、長期間かけてじっくりと投資に臨むことです。値動きを短期間で見ると、一時的な要因で大きく変動することがありますが、長期間ならば変動幅がならされます。また、長期投資をすることで、複利効果（利息が利息を生む効果）のメリットを得ることもできます。

積立投資とは、毎回一定額ずつ商品を購入することです。値動きのある商品でも、継続して一定額ずつ購入すれば、安いときにたくさん買うことになり、平均購入単価を下げることができるのです。

そして分散投資は、いろいろな商品に投資することです。ひとつの商品だけを集中的に買うと、その商品が値下がりしたときに、大きく損をする可能性があります。投資先を複数に分散しておけば、ある商品の値下がりを、ほかの商品の値上がりでカバーできる可能性があります。

これら「長期・積立・分散」を踏まえて投資をすることで、お金自身を効率よく働かせることができ、お金の貯まるスピードを上げることができます。

資産運用の３つの基本

長期投資

長期間投資することでリスクを抑える

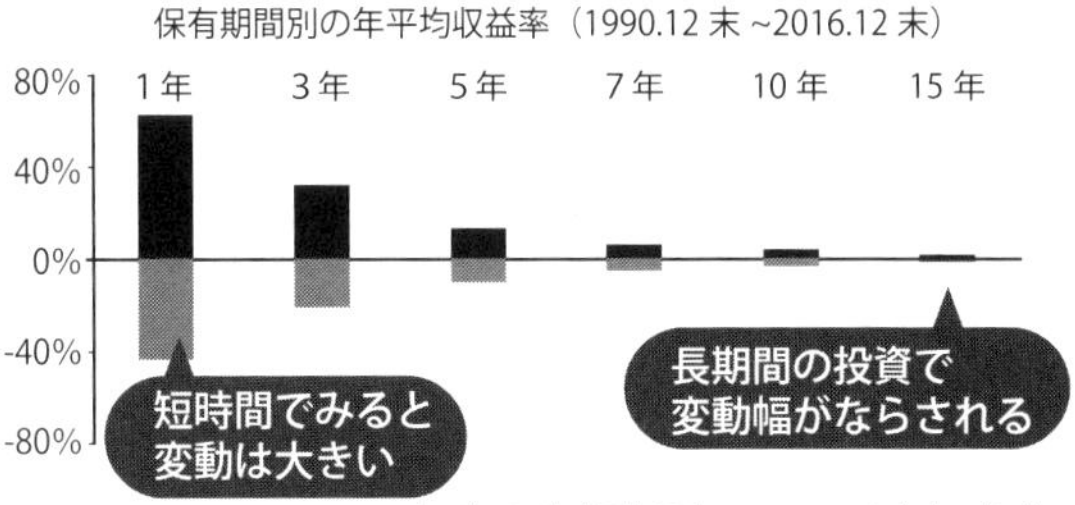

（みずほ証券「長期投資のススメ」を参考に作成）

積立投資

一定額ずつ投資することで平均購入単価を下げる

	1ヵ月目	2ヵ月目	3ヵ月目	4ヵ月目
投資信託1万口の価格推移	1万円	2万円	5,000円	1万円
購入口数	1万口	5,000口	2万口	1万口

価格が高いときは少なく購入

価格が安いときは多く購入

分散投資

複数の投資先に投資することで大きな損失を減らす

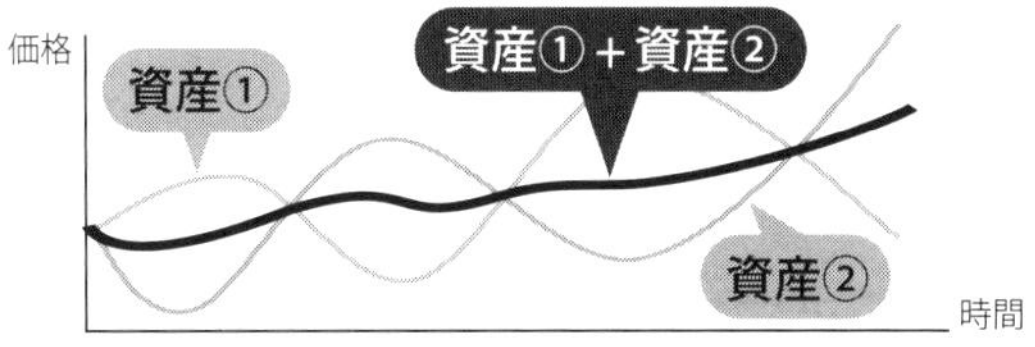

（金融庁「つみたてNISA早わかりガイドブック」より）

長期・積立・分散投資なら
お金を効率よく働かせられる

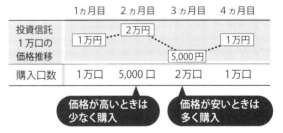

3 目標額を決めると運用方針が決まる

長期にわたる積立投資では、自分の目標額を設定することが重要です。なぜなら、**目標額を設定することで、自分のとるべき運用方針がおおよそ決まる**からです。

目標額を決めたら、次は毎月の掛金を決めましょう。そのうえで必要な運用利回りを確認します。運用利回りはどの商品を選ぶかで変わりますが、あまり高すぎると損失の可能性も高まります。積極的に運用しても5～7％が目安です。

掛金の額・期間・運用利回りの数字がわかると、その投資が予定通り成功した場合にどのくらいの資産総額になるかが計算できるようになります。計算には、左上の表が便利です。

たとえば、目標額を1500万円とします。このとき3万円を20年間、運用利回り4％で運用するなら、表の「4％」と「20年」が交差する部分を見ます。すると「366・77」とあるので、掛金3万円にこれを掛けます。3万円×366・77＝1100万3100円で、これが投資結果額となります。これでは目標額に400万円ほど足りないので、掛金・期間・運用利回りを再度見直し、調整する必要がある、という具合に利用してください。

どのように運用する？

掛金・期間・運用利回りから資産総額がわかる表

	運用利回り						
	1％	2％	3％	4％	5％	6％	7％
5年	61.50	63.05	64.65	66.30	68.01	69.77	71.59
10年	126.15	132.72	139.74	147.25	155.28	163.88	173.08
15年	194.11	209.71	226.97	246.09	267.29	290.82	316.96
20年	265.56	294.80	328.30	366.77	411.03	462.04	520.93
25年	340.67	388.82	446.01	514.13	595.51	692.99	810.07
30年	419.63	492.73	582.74	694.05	832.26	1,004.52	1,219.97
35年	502.63	607.55	741.56	913.73	1,136.09	1,424.71	1,801.05
40年	589.89	734.44	926.06	1,181.96	1,526.02	1,991.49	2,624.81

【目標】
20年で1,500万円貯める

毎月の掛金が3万円、20年で
運用利回りが4％とすると…

3万円 × 366.77 ＝ 1,100万3,100円

【目標】
15年で1,000万円貯める

毎月の掛金が5万円、15年で
運用利回りが6％とすると…

5万円 × 290.82 ＝ 1,454万1,000円

もうちょっと
積極的に運用
しなきゃ
掛金を少し
減らしても
よさそう

目標額を決めれば、運用方針や
その他の具体的な数字も決まる

4 投資先によって変わるリスクとリターン

ひとくちに投資といっても、投資先となる商品はとてもたくさんあります。左ページは、商品ごとのリスクとリターンのイメージを図にしたものです。

リスクというと怖そうですが、投資の世界の「リスク」とは、「危険性」という意味ではなく、**「リターン（損益）のブレ幅」**のことを指します。

リスクとリターンは、トレードオフの関係です。リスクが大きいほど、儲かる可能性も、損をする可能性も大きくなります。リスクが大きければ「ハイリスク・ハイリターン」、逆に小さければ「ローリスク・ローリターン」です。「ローリスク・ハイリターン」というものはありません。ですから、投資をする際には、自分がどの程度のリターンが欲しいのか、どの程度のリスクなら許容できるのか（どの程度の損失まで受け入れられるのか）を意識して投資先を選ぶ必要があります。

こうしたリスクの度合いを**「リスク許容度」**といいます。リスク許容度は、その人の年齢や収入、運用資産や投資経験などによって変わります。いくらリターンの大きそうな商品でも、リスク許容度の低い人は購入しない方が良いという判断になります。

リスクとリターンは比例の関係

リスクとリターンの関係

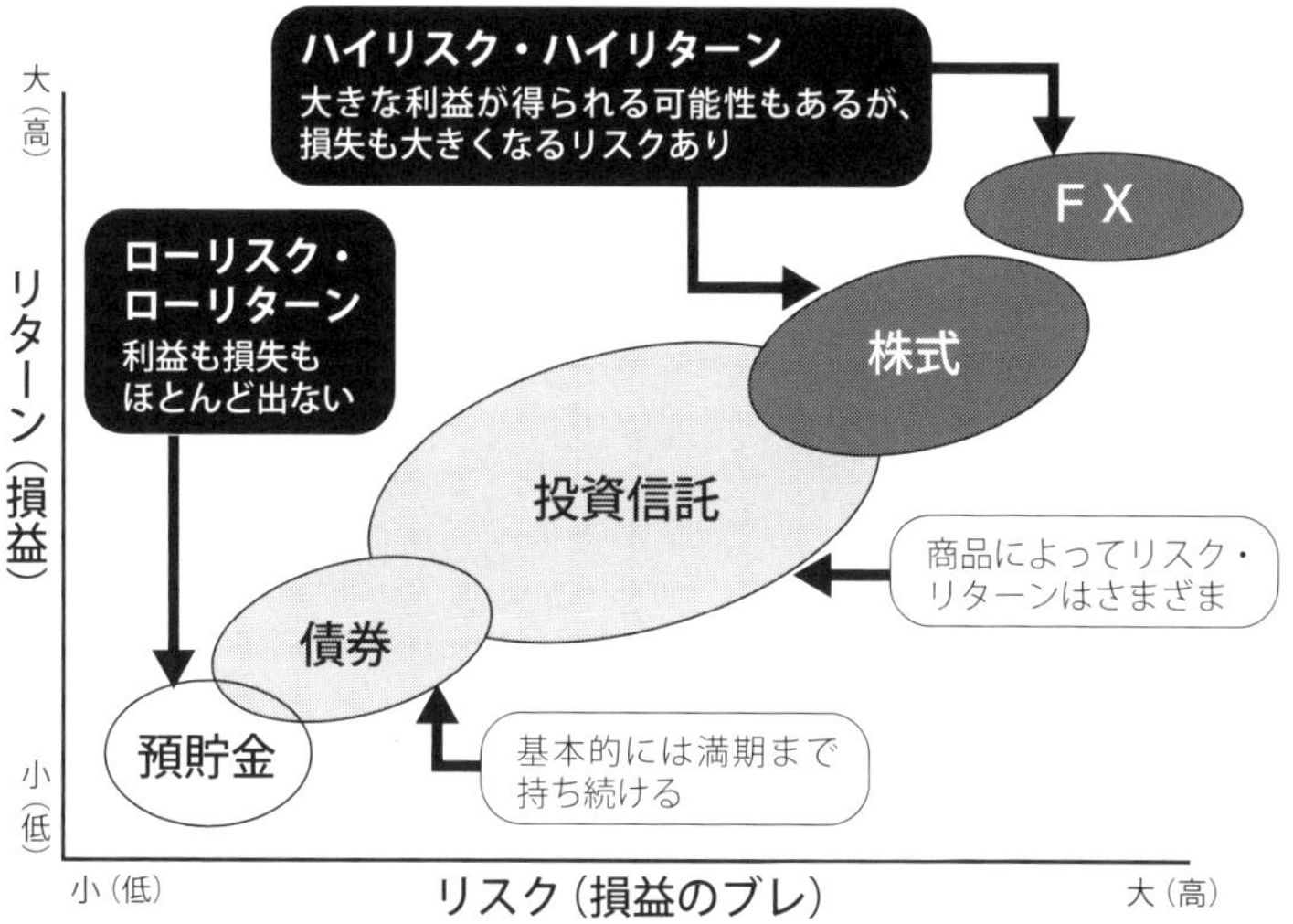

利益も損失もほとんど出ない

商品によってリスク・リターンはさまざま
基本的には満期まで持ち続ける

リスク許容度

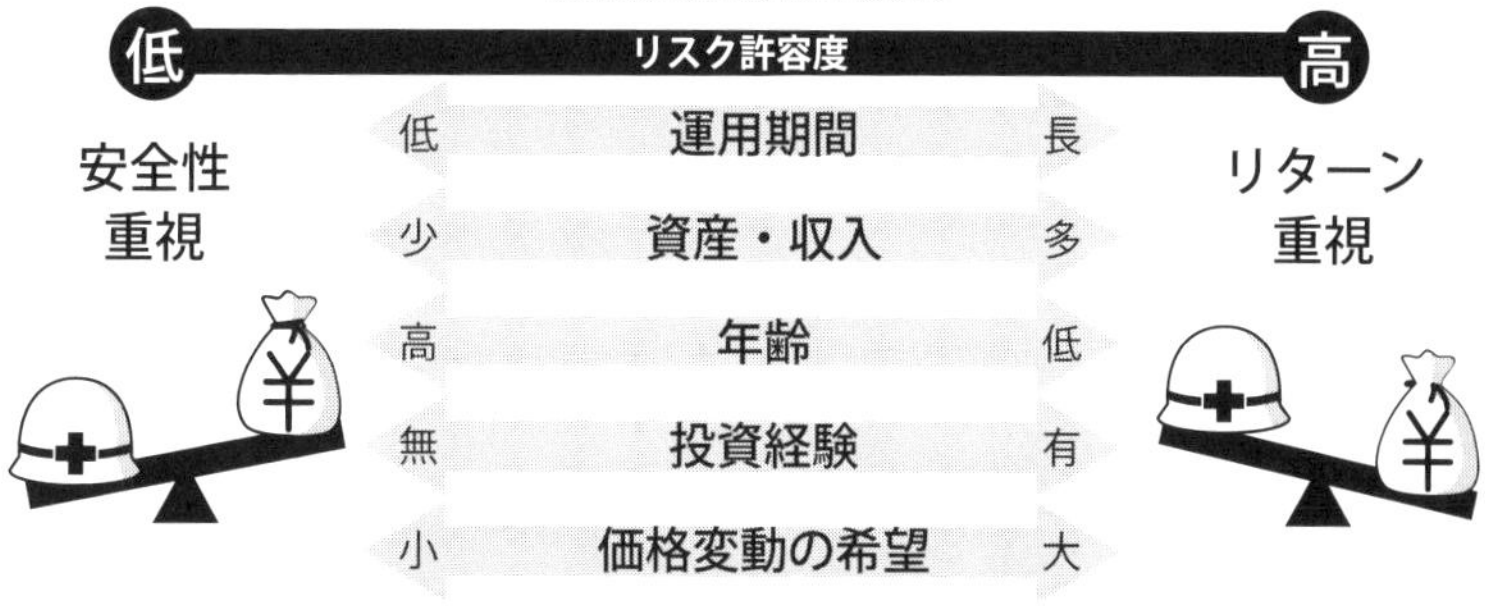

低	リスク許容度	高
安全性重視		リターン重視

低	運用期間	長
少	資産・収入	多
高	年齢	低
無	投資経験	有
小	価格変動の希望	大

リスクが少ないほどリターンも少ない。ローリスク・ハイリターンはありえない

5 運用益が非課税になるＮＩＳＡ《ニーサ》

ＮＩＳＡ（少額投資非課税制度）は、毎年一定金額までの投資で得られた利益にかかる税金が非課税になる制度です。ＮＩＳＡには、一般ＮＩＳＡ・ジュニアＮＩＳＡ・つみたてＮＩＳＡの３つの制度があり、制度ごとに投資できる金額の上限や投資できる商品、非課税になる期間などが異なります（ジュニアＮＩＳＡは２０２３年で終了予定）。

なかでも**「長期・積立・分散投資」が手がけやすい制度はつみたてＮＩＳＡです。**

つみたてＮＩＳＡでは、金融庁の基準を満たした投資信託（172ページ）などを購入できます。そして年間40万円までの投資で得られた利益が最大20年間非課税になります。現状では、非課税で投資できる期間は２０３７年までとなっていますが、２０４２年までに5年間延長される予定です。

一般ＮＩＳＡでも「長期・積立・分散投資」ができます。こちらは、年間１２０万円までの投資で得られた利益が最大5年間非課税になります。しかし、つみたてＮＩＳＡの方が投資可能期間・非課税期間は長く複利の恩恵を受けやすいこと、投資可能金額の合計が多くなることを考えると、長期の投資をする場合にはつみたてＮＩＳＡの方が有利でしょう。

NISAの概要

		一般NISA	つみたてNISA
利用できる人		日本に住む20歳以上なら誰でも	
新規に投資できる期間		2023年まで （2028年まで）	2037年まで （2042年まで）
非課税となる期間		5年間	20年間
拠出限度額	年間	120万円 （122万円）	40万円
	累計	600万円 （610万円）	800万円 （1,000万円）
投資対象商品		上場株式・ETF・REIT・投資信託	金融庁が定めた基準を満たす投資信託・ETF
投資方法		一括買付・積み立て	積み立て
損益通算・繰越控除		できない	
資産の引き出し		いつでも引き出せる	
口座開設手数料・管理手数料		無料	
金融機関の変更		年単位であれば可能	
他の制度との併用制限		つみたてNISAとの併用不可	一般NISAとの併用不可

※（　）内は2024年の法改正後のデータ

長期・積立・分散投資に
もっとも適しているのは
「つみたてNISA」

6 iDeCoとつみたてNISAの使い分け

つみたてNISA《ニーサ》と同じく、運用益が非課税になる制度に、5章で紹介したiDeCo《イデコ》があります。iDeCoの場合、掛金が全額所得控除でき、受け取り時の税金も優遇されます。これらはつみたてNISAにはないメリットですから、税制面では、iDeCoの方が有利です。

しかし、iDeCoでは毎月手数料がかかります。定期預金や保険で運用する場合や、少ない掛金で運用する場合は、手数料の負担が大きくなってしまい、利益を出しにくくなってしまいます。また、iDeCoは原則60歳まではお金を引き出せません。iDeCoは老後資金を準備するための制度ですから、結婚、出産、住宅取得などのお金としては使えないのです。

その点、つみたてNISAは、20歳以上なら誰でもスタートできますし、解約も自由です。口座開設手数料・口座管理手数料もかかりません。iDeCoよりも手がけやすい制度といえます。

余裕があればどちらの制度も活用したいところですが、お金が限られている方はどちらかを選ぶことになるでしょう。左図に、それぞれの制度を優先して使うべき人の条件を挙げました。**まずはどちらかを始め、お金に余裕が出てきたらもう片方の制度も利用する**ことをおすすめします。

どっちの制度が合っている？

iDeCoが合っている人

毎月1万円以上投資できる人
所得控除と運用益非課税の効果を得られる

老後資金を貯めたい人
老後資金を貯めるには最適の制度

節税効果をフル活用したい人
口座開設手数料・口座管理手数料を払ってもメリットが出やすい

住宅ローン控除を使っていない人
住宅ローン控除により支払っている税金がない場合、iDeCoの所得控除の効果は得られない

つみたてNISAが合っている人

毎月の投資金額が少ない人（1万円未満）
口座開設手数料・口座管理手数料がない

iDeCoを使えない人（60歳以上）
※2022年5月からは65歳以上
つみたてNISAには年齢の上限がない

老後資金以外の資金を貯めたい人
様々なイベントの費用を貯めるのに使える

所得のない人
専業主婦（夫）や学生でも利用しやすい

万が一の場合は解約したい人
いつでも解約可能

老後資金を貯めるならiDeCo、投資資金が少ない・自由にお金を使いたいならつみたてNISA

7 つみたてNISAは他の口座と一緒に開設

つみたてNISA《ニーサ》は、銀行や証券会社に口座を開設し、そこで取引します。とはいえ、金融機関につみたてNISAの口座だけを開設することはできません。つみたてNISAの口座を開設するには、銀行の場合は普通預金口座・投資信託口座を、証券会社の場合は証券口座を開設する必要があります。多くの場合、窓口やネットで同時に手続きできますので、指示に従って必要な書類等を提出してください。

口座を開設する際には、**特定口座**にするか**一般口座**にするかを聞かれます。口座の種類によって、つみたてNISA以外の投資をして利益が出たときに、利益にかかる税金をどう納めるかが違うのです。特徴は左表のとおりです。

今後つみたてNISAしか利用しないというのであれば、どの口座を選んでも変わりありません。しかし、他にも投資をするという場合は、「特定口座（源泉徴収あり）」を選ぶと、利益が確定するたびに自動で税金が納められるため、確定申告が不要になります。手間を最小限にしたい場合に便利な口座です。

証券口座の3つのタイプ

特定口座（源泉徴収あり）	特定口座（源泉徴収なし）	一般口座
確定申告		
○ 不要	× 利益20万円超なら必要	× 利益20万円超なら必要
取引報告書		
○ 証券会社が作成	○ 証券会社が作成	× 自分で作成
証券会社が1年間の取引をまとめた年間取引報告書を作り、納税してくれる。確定申告も不要	証券会社が年間取引報告書を作ってくれる。利益が20万円超の場合は確定申告を自分で行う	自分で年間取引報告書を作る。利益が20万円超の場合は確定申告を自分で行う

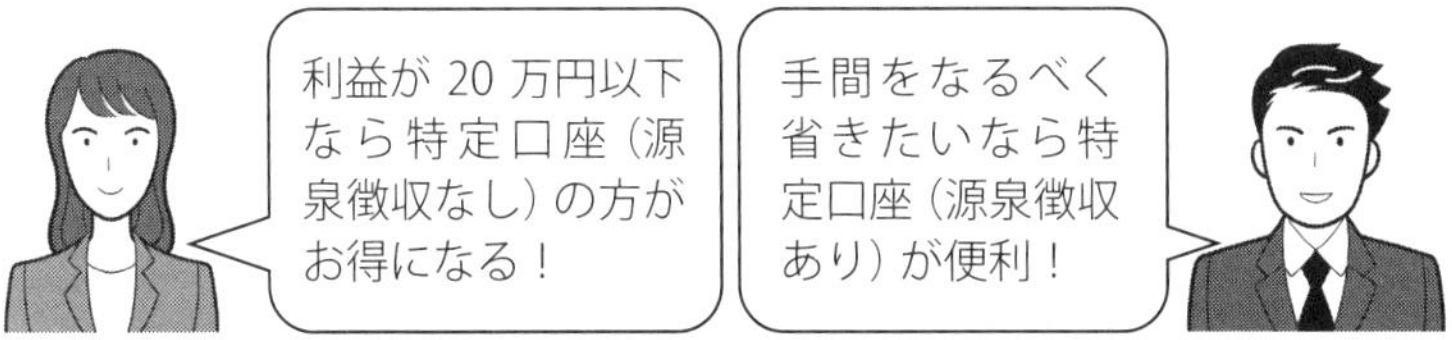
利益が20万円以下なら特定口座（源泉徴収なし）の方がお得になる！
手間をなるべく省きたいなら特定口座（源泉徴収あり）が便利！

手間を省きたいなら
源泉徴収ありの特定口座がおすすめ

コラム

●金融機関おすすめの商品はなぜ危険なのか●

銀行や証券会社の窓口に行くと、おすすめ商品や売れ筋商品のランキングが表示されています。

しかし、これを鵜呑みにするのは危険です。そこに出ている商品は、もしかしたら「金融機関が売りたい商品」かもしれないからです。

銀行や証券会社の行員・店員に相談すると、世間話から資産運用のアドバイスまで、さまざまな話をしてくれます。特にこれまで投資をしたことのない初心者の方は、そうした話ができて心強いと感じることでしょう。

しかし、行員・店員は同時に投資信託を売る営業マンでもあります。きちんとした知識がないと、うまく言いくるめられて、金融機関にとって都合のいい商品を売りつけられる可能性もあるのです。

少し極端ですが、営業マンの営業成績には、投資信託の運用成果は一切考慮されません。販売することで得られる手数料収入が、営業としての評価対象です。ですから、自分では絶対買わない商品でも、高い手数料が見込めるならば、勧めてくる可能性もある、というカラクリです。

もちろん、本当に親身になってくれる行員・店員もいるとは思います。しかし、営業マンは販売のプロであって、資産運用のプロではありません。相談ができることが必ずしもいいこととは限らない、ということはぜひ覚えておいてください。

7章

コア・サテライト戦略で実践あるのみ

1 コア・サテライト戦略でお金を増やす

資産を守りながらリターンも狙っていく投資の方法に**「コア・サテライト戦略」**があります。

コア・サテライト戦略では、運用する資産を「コア」と「サテライト」に分け、コアに資産の7～9割をあてて長期・安定成長の運用を行い、サテライトには資産の1～3割をあてて積極運用を行います。サッカーにたとえると、コアはゴールキーパーやディフェンダーといった「守り」、サテライトはミッドフィルダーやフォワードのような「攻め」を行うポジションです。コア部分をしっかり構築することで、サテライト部分は積極的に攻めることができます。

じつはコア・サテライト戦略は、大きなお金を運用する機関投資家（保険会社など）が用いている手法です。機関投資家は、お金を減らさないようにしつつ増やす必要があるため、コア・サテライト戦略の実践がおのずと必要になっているのです。読者のみなさんも、お金は減らしたくないけど、増やしたいはず。機関投資家を真似してこの戦略を個人の資産形成で活用しましょう。

なお、ここで紹介しているものすべてに投資する必要はありません。自分に合ったものを組み合わせてください。具体的な商品の紹介は次の項目からしていきます。

コア・サテライト戦略のイメージ

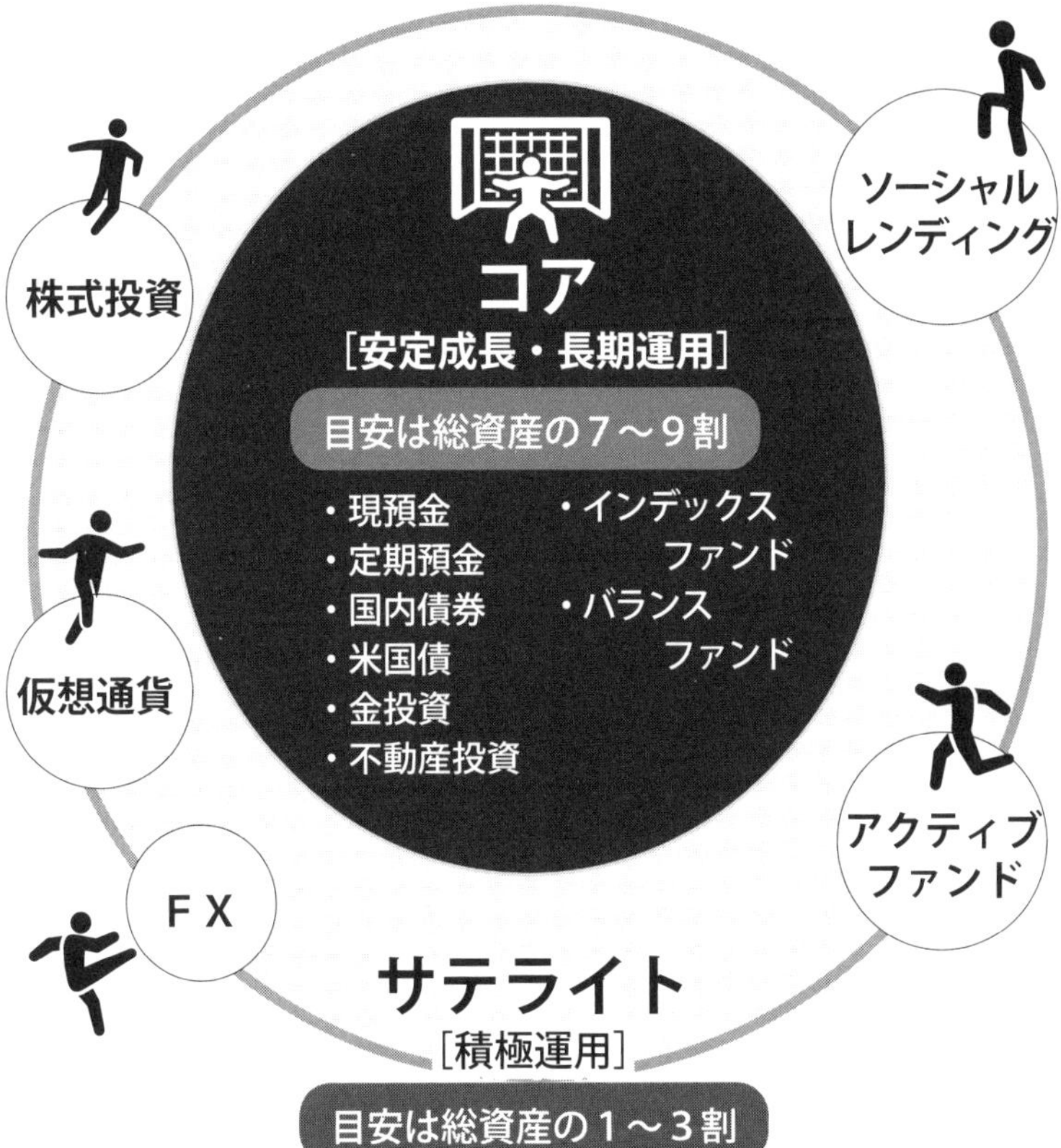

自分に合ったものを組み合わせて運用する

コア資産を少しずつ増やし
サテライト資産で＋αの運用益を目指す！

2 コア資産には投資信託がおすすめ

コア資産で安定的にお金を増やしていくのにおすすめなのは、投資信託です。

投資信託は、投資家から集めた資金をひとつにまとめて、運用のプロ（ファンドマネージャー）がさまざまな商品に投資してくれる商品です。何に投資するかは、投資信託の方針やファンドマネージャーの考え方によって異なります。地域や資産を限定して集中投資する商品もあれば、世界中の資産に幅広く投資するものもあります。

投資信託は、運用手法の違いで**インデックス型**と**アクティブ型**に分けられます。インデックス型は、目標とする指標（ベンチマーク）に連動することを目指す投資信託です。たとえば、「TOPIXに連動するインデックス型」は、TOPIX（東証株価指数）と同じような値動きをします。対するアクティブ型は、指標を上回ることを目指す投資信託です。たとえば、TOPIXをベンチマークにした場合、TOPIXの銘柄以外にも投資して、TOPIXを上回る運用を目指します。

コア資産に向いているのはインデックス型です。1本でも長期・積立・分散投資ができる上、手数料も安く設定されているからです。

投資信託の特徴

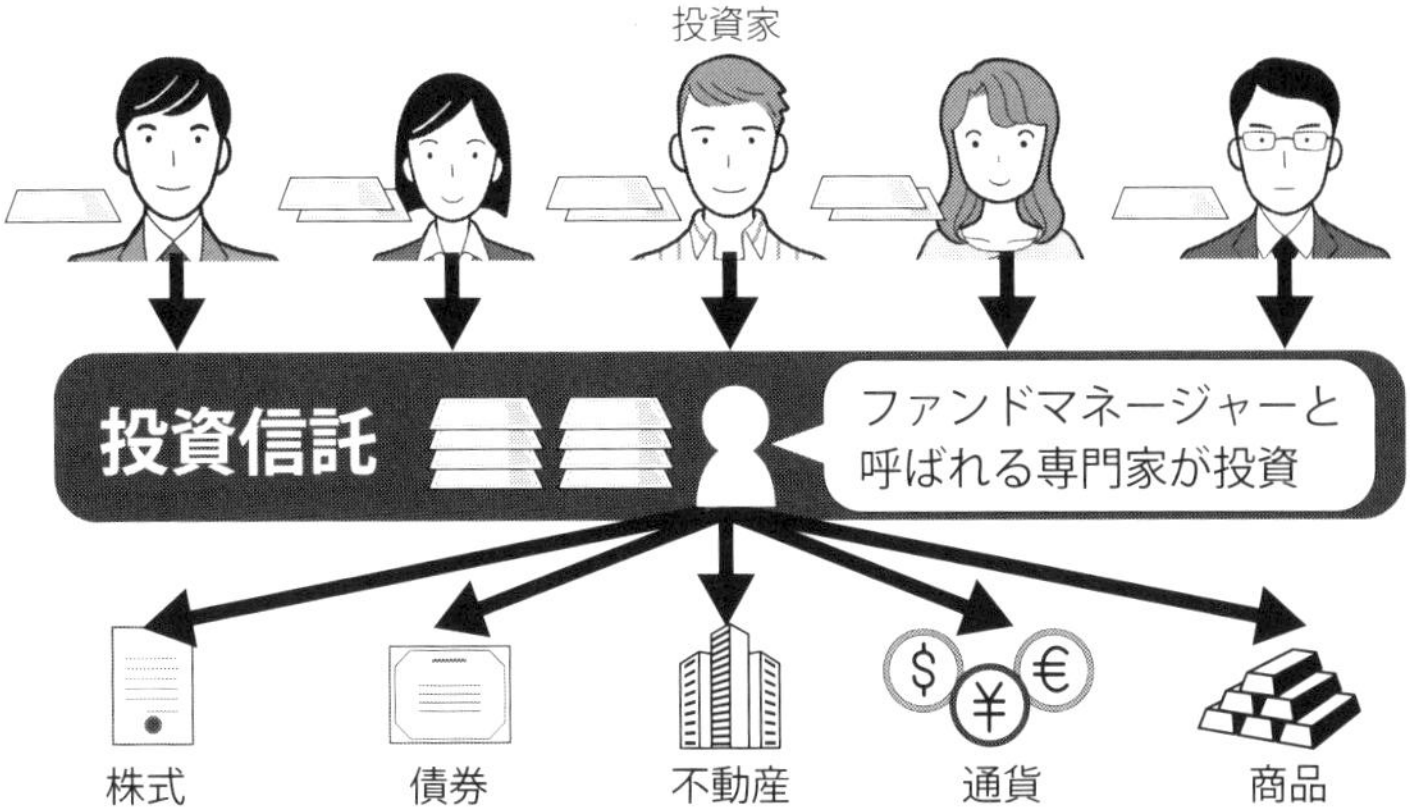

1本で長期・積立・分散投資ができる＝コア資産向き

インデックス型とアクティブ型

	インデックス型	アクティブ型
運用手法	指数と連動した値動きを目指す	指数を上回る運用成果を目指す
値動きのイメージ		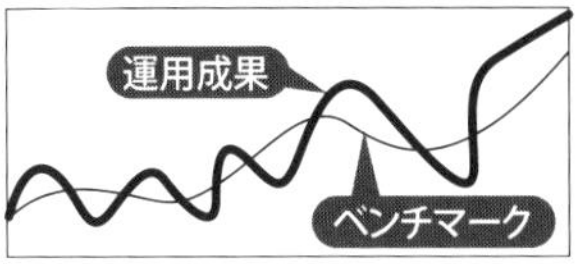
商品ごとの運用成果	同じ指数に連動するものなら運用成績にあまり差がない	商品による差が大きい
コスト（信託報酬）	安い ◀ 手数料の面で有利	高い

インデックス型の投資信託は
コア資産向き

3 インデックス型選びでは信託報酬を重視

インデックス型の投資信託を選ぶ場合は、まず何より保有中のコスト、つまり**信託報酬が安いことが大切**です。左図のとおり、信託報酬が1％違うと30年で利益が約62万円も違います。数十年にわたる長期投資では、少しの差が最後には大きな差となって表れます。

基準価額（投資信託の値段）や純資産総額（投資信託の資産の総額）が安定的に増えているかも大切です。極端に減っている投資信託は、途中で運用を終了する（繰上償還）可能性もあるからです。

また、広く市場全体に投資できる商品の方が、分散投資の効果が高まります。たとえば、前項で登場した「ＴＯＰＩＸ」は東京証券取引所でもっとも大きな東証1部に上場する全銘柄２０００以上を組み入れていますが、「日経平均株価」は２２５銘柄のみです。この場合、ＴＯＰＩＸをベンチマークにした商品の方が市場全体に投資できる、というわけです。

アクティブ型は、少なくとも3年以上の運用実績が順調な商品を選びましょう。信託報酬はインデックス型より高くても、それを大きく上回る運用成果が出せるのであれば、選択肢に入ります。

ただし、リスクは高めですので、サテライト資産として扱うのが基本です。

投資信託選びのポイント

信託報酬

投資信託の資産から「年○%」という形で、毎日日割りした金額が差し引かれる。投資信託を保有している間かかり続ける。

が安いことが大事！

信託報酬の差は利益の差

100万円で購入した2つの投資信託が年4%ずつ増えた場合の利益

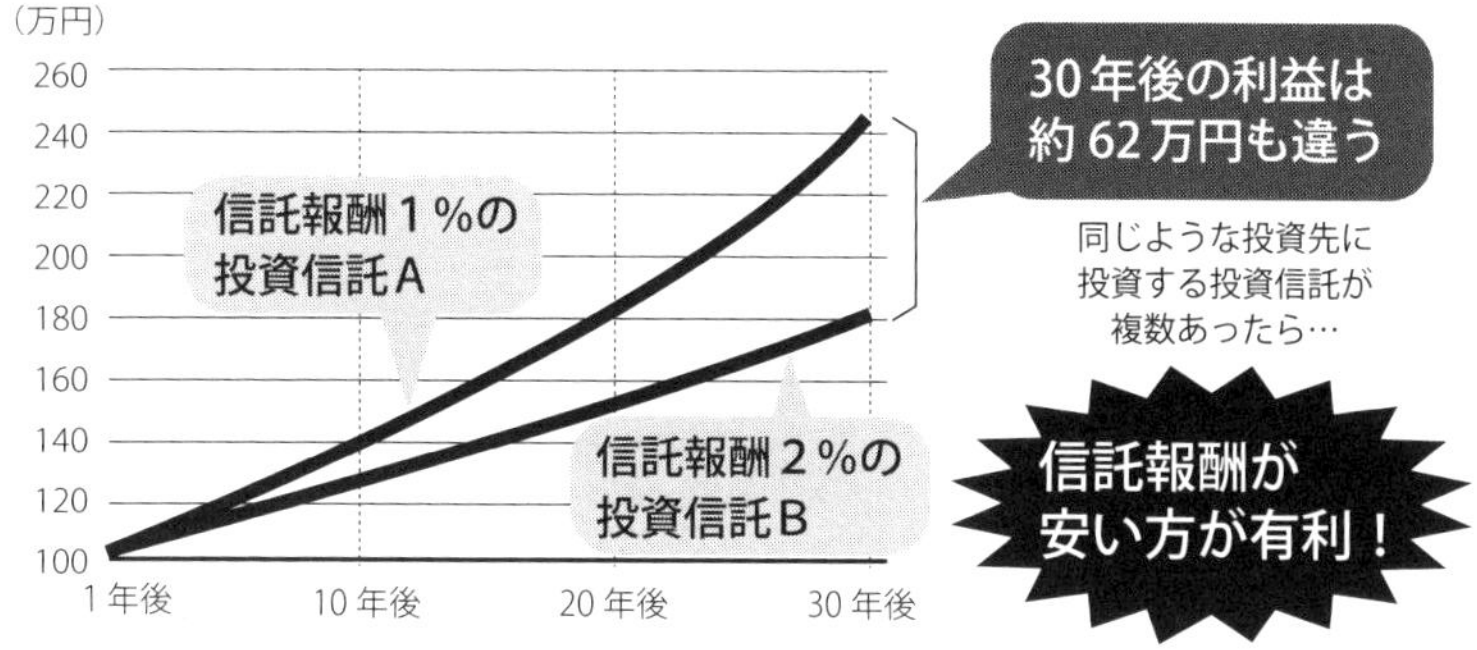

他にもこんな点をチェック

投資する指標
市場全体に投資できるか

基準価額 純資産総額
順調に増えているか

運用実績
アクティブ型は過去3年以上の実績をチェック

証券会社のウェブサイトで確認しよう

長く保有することになる投資信託だからこそコストに敏感になろう

4 おすすめ投資信託7選

自分で投資信託を選ぶのは難しい、という方のために、**おすすめ投資信託**を7つ選びました。

「eMAXIS」シリーズと「購入・換金手数料なし」シリーズは、インデックス型の中でも特に信託報酬が安くなっています。しかも、信託報酬の最安値を競うようにして値下げを行っていますので、今後の値下げ合戦が進むごとに、恩恵を受けることができるでしょう。

「SBI・バンガード・S&P500インデックス・ファンド」と「楽天・全世界株式インデックス・ファンド」はどちらもアメリカの有名な運用会社、バンガード社のETFに投資できるため人気です。欧米を中心とする先進国、これからも高成長が見込める新興国にも投資できます。

株式・債券・不動産など、複数の資産に投資するバランス型と呼ばれる投資信託は、より手軽に資産の分散ができるうえ、各資産の比率（ポートフォリオ）のバランスも自動的にとってくれるため、ほったらかしで持っておくのに便利です。

「セゾン資産形成の達人ファンド」は、アメリカや欧州などの投資信託に投資する「ファンドオブファンズ」と呼ばれる投資信託です。アクティブ型ですが、信託報酬も比較的安くなっています。

おすすめのインデックス型投資信託

eMAXIS Slim 先進国株式インデックス

【種類】先進国株式インデックス型　【運用会社】三菱UFJ国際投信

日本を除く22ヵ国の株式に投資する投資信託。うち米国株が約6割を占める。信託報酬が最安値水準で、純資産総額も順調に成長している。

基準価額	13,700円
純資産総額	1259.56億円
信託報酬	0.1023%
トータルリターン（年利）	1年：　2.97% 3年：　6.25% 設定来：26.04%

購入・換金手数料なし　ニッセイ外国株式インデックスファンド

【種類】先進国株式インデックス型　【運用会社】ニッセイアセットマネジメント

先進22ヵ国の約1,300銘柄に投資する投資信託。MSCIコクサイという、海外の日経平均のような指標を通じて、マイクロソフト、アマゾン、アップルといった企業に投資できる。

基準価額	18,129円
純資産総額	1997.36億円
信託報酬	0.1023%
トータルリターン（年利）	1年：　2.96% 3年：　6.20% 設定来：66.77%

（2020年9月2日現在）

おすすめのインデックス型投資信託

SBI・バンガード・S&P500インデックス・ファンド

【種類】先進国株式インデックス型　【運用】SBIアセットマネジメント

2019年9月に登場した、比較的新しい投資信託。投資家に人気の米国バンガード社のETFに投資できるとあって好評。米国のS&P500という指標をベンチマークにしている

基準価額	11,783円
純資産総額	685.83億円
信託報酬	0.0938%
トータルリターン（年利）	1年：　ー 3年：　ー 設定来：6.84%

楽天・全世界株式インデックス・ファンド

【種類】先進国・新興国株式インデックス型　【運用】楽天投信投資顧問

上記のSBI同様、米国バンガード社のETFに投資できる投資信託。FTSEグローバル・オールキャップ・インデックスという、世界の株式の98%をカバーする指標を採用している

基準価額	11,647円
純資産総額	501.18億円
信託報酬	0.212%
トータルリターン（年利）	1年：　2.15% 3年：　ー 設定来：8.01%

（「ー」は運用期間が各年に満たない場合）

おすすめのバランス型投資信託

eMAXIS Slim バランス（８資産均等型）

【運用会社】
三菱ＵＦＪ
国際投信

国内・先進国・新興国の株式と債券、国内外の不動産（リート）に均等に投資する。１本で８つの資産にまとめて投資できる。

基準価額	11,195 円
純資産総額	609.08 億円
信託報酬	0.154%
トータルリターン（年利）	１年：　-2.13% ３年：　1.99% 設定来：7.89%

購入・換金手数料なし　ニッセイ・インデックスバランスファンド（４資産均等型）

【運用会社】
ニッセイ
アセット
マネジメント

国内外の株式と債券に均等に投資する。株式と債券の比率が50％ずつになるため、比較的リスクが抑えられている。

基準価額	12,285 円
純資産総額	69.88 億円
信託報酬	0.154%
トータルリターン（年利）	１年：　3.15% ３年：　2.99% 設定来：17.78%

おすすめのアクティブ型投資信託

セゾン資産形成の達人ファンド

【運用会社】
セゾン投信

米国株式ファンド40％、欧州株式ファンドに30％という具合に、投資信託に投資する投資信託。

基準価額	23,822 円
純資産総額	1082.79 億円
信託報酬	1.55%
トータルリターン（年利）	１年：　4.57% ３年：　6.33% 設定来：128.72%

5 【コア資産向き】個人向け国債

債券は、国や地方自治体、会社などがお金を借りるために発行する借用証書のようなものです。その中でも、個人向け国債は、日本国が個人でも買いやすいようにして発行している債券です。

個人向け国債は、銀行や証券会社で、最低1万円から購入できます。購入すると、半年に一度利子が受け取れます。そして満期になると、購入したお金が戻ってきます（償還といいます）。

個人向け国債には、満期までの期間が異なる「変動10年」「固定5年」「固定3年」の3種類があります。変動10年は金利が半年ごとに見直されます。それに対し、固定5年と固定3年は購入時の金利が満期まで続きます。

個人向け国債のメリットは、**元本割れの心配がない**ことです。購入1年後から換金できますが、元本割れはありません。また、最低でも0・05％（税引前）の金利が保証されますので、大手銀行の預金よりも有利です。個人向け国債を購入するならば、現状、金利は3種類とも下限の0・05％で、これ以上は下がりませんので、今後の金利上昇を期待して「変動10年」を選ぶのがおすすめです。預貯金や定期預金のかわりのお金の預け先として有用です。

個人向け国債の3つのタイプ

変動10	固定5	固定3
満期		
10年	5年	3年
金利タイプ		
変動金利	**固定金利**	
実勢金利に応じて半年ごとに適用利率が変わるため、受け取れる金額が増減することもある	満期まで利率が変わらないので、発行した時点でいくらになるかわかる	
金利の下限		
0.05%（どんなに金利が下がっても年利0.05%はもらえる）		
利子の受け取り		
半年ごとに年2回		
購入単価（販売価格）		
最低1万円から1万円単位		
中途解約		
1年経過後より可能 直近2回分の利子は引かれるが元本割れはしない		

最低でも金利0.05%分は受け取れる
現状では「変動10」がおすすめ

6 【コア資産向き】個人向け社債

個人向け社債は、個人向け国債の会社バージョンのようなもので、会社が個人に向けて発行する債券のひとつ（社債）です。銀行や証券会社で購入できます。個人向け社債を買うと、定期的に利子がもらえるうえ、満期になったら償還されてお金が返ってきます。

魅力は、**個人向け国債よりも高い金利が見込める**ことです。それだけに、投資家からの人気も高く、申し込みが殺到します。ただし、社債を発行する会社が万が一倒産したら、元本が戻ってこない可能性もあります。ですから、その会社が安定しているか、成長しそうかを確認する必要があります。

個人向け社債には、多くの場合格付機関による格付がされています。格付は、元本や利子が返ってくるかどうかという信用度を表す指標です。格付機関によって異なりますが、左図のようにアルファベットで表示されます。「格付が最高ランクだから絶対安全」というわけではありませんが、ひとつの参考になるでしょう。

一般に、格付が高いほど安全性が高いのですが、債券の金利は低く設定されています。逆に、格付が低いほど安全性は低いですが、債券の金利は高く設定されるという利点があります。

格付をチェックして社債を選ぶ

格付	投資した元本や利子が返ってくるかどうかという信用度を表す
主な格付会社	S&P(Standard & Poor's) ムーディーズ R&I(格付投資情報センター) JCR(日本格付研究所)

格付の見かた

S&P･R&I･JCR	ムーディーズ	信用度	金利
AAA	Aaa	高い	低い
AA	Aa		
A	A		
BBB	Baa		
BB	Ba		
B	B		
CCC	Caa		
CC	Ca		
C	C	低い	高い

BBB(Baa)以上が「投資適格」

BB(Ba)以下は「投資不適格」

※数字やプラスマイナスの記号などでさらに細分化される

過去に発行された個人向け社債の例

SBIホールディングス【SBI債】

償還までの期間：約2年
利率（税引前）：年0.60%
格付け：BBB+（R&I）

マネックスファイナンス【個人向けマネックス債】

償還までの期間：1.5年
利率（税引前）：年0.60%
格付け：BBB+（R&I）

**格付を参考にしつつ
成長・安定している会社を選ぼう**

7 【コア資産向き】米国債

国債を発行しているのは、日本だけではありません。国債は世界中のさまざまな国で発行されています。日本にいながら、他の国の国債を買うこともできます。

その中で、もっともメジャーなのはやはり経済の中心、アメリカの国債（米国債）です。

米国債はアメリカ合衆国が発行する債券です。**現在GDP（国内総生産）が世界ナンバーワン**であるアメリカが破たんすることは考えにくいでしょう。国債の格付も非常に高くなっています。それにもかかわらず、1％を超える金利が受け取れることもあるのです。新しく売りに出される国債（新発債）だけでなく、すでに売りに出されている国債（既発債）も活発に売買されています。

米国債には、利付債とストリップス債の2種類があります。ストリップス債は利払いがなく、その分複利効果を受けやすいため、これから資産形成をする方におすすめです。米国債は左図の証券会社で購入することができます。

ただし、米国債には為替変動リスクがあります。米国債の場合、ドルでやり取りしますので、購入時よりも円高になれば利益が減ってしまうことになるので注意が必要です。

ドルで売買する米国債

米国債は２種類

利付債

持っている間利息が得られ、満期になると元本が返ってくる債券

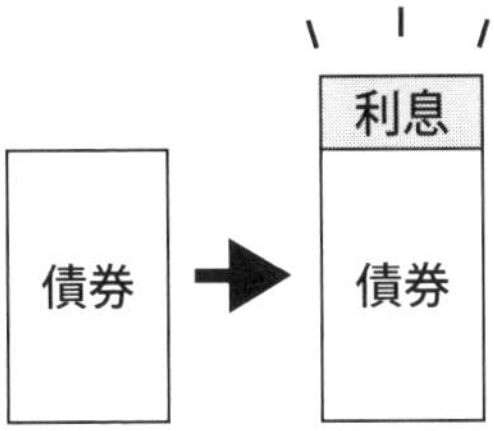

ストリップス債

割引で販売されて、満期になると額面の金額が受け取れる債券。持っている間の金利は元本に組み込まれる

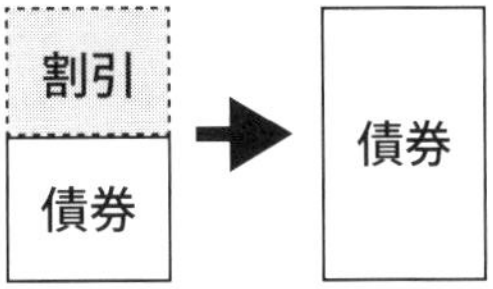

米国債が購入できる証券会社

	SBI 証券	楽天証券	マネックス証券
最低購入価格	100ドル	100ドル	1,000ドル
利付債	5本	2本	0本
ストリップス債	16本	2本	10本

※商品の本数は2020年９月３日現在

利払いがなく複利効果が得られるストリップス債がおすすめ

8 【コア資産向き】金投資

昔から「有事の金」といって、何か問題が発生すると、資産の避難先として金が買われてきました。株や債券は価値がゼロになることもありえますが、**金はそのものに価値があるため**、価格が下がることがあっても、価値がゼロになることはないからです。

金に投資する方法には、①ゴールドバー（棒状の地金）、②地金型金貨、③金に投資している投資信託やETF（上場投資信託）、④純金積立の4つがあります。

この中でもっとも手軽なのは純金積立でしょう。毎月一定額を積み立てながら金の現物に投資できます。純金積立は、田中貴金属工業・三菱マテリアルなどの貴金属商や、SBI証券・楽天証券・マネックス証券などのネット証券で取り扱っています。貴金属商なら毎月3000円、ネット証券なら毎月1000円という少額からコツコツ積み立てができます。積み立てですから、平均購入単価を下げるドルコスト平均法を活かせます。

おすすめは手数料が安く、最低積立金額が少ないネット証券です。中でもSBI証券は、毎月の手数料の1％分のTポイントが翌月に付与されるのでお得です。

純金積立のできる主な会社

	田中貴金属工業	三菱マテリアル	SBI証券	楽天証券	マネックス証券
サービス名	田中貴金属の純金積立	マイ・ゴールドパートナー	金・銀・プラチナ取引	金・プラチナ取引	マネックス・ゴールド
最低積立金額・単位	3,000円以上 1,000円単位	3,000円以上 1,000円単位	1,000円以上 1,000円単位	1,000円以上 1,000円単位	1,000円以上 1,000円単位
年会費（税込）	1,100円 （ネットでの積立は無料）	880円 （ネットでの積立で残高報告書等郵送物の送付停止をした場合無料）	無料	無料	無料
積立手数料（税込）	１ヵ月の積立金額が 3,000〜29,000円：2.5% 30,000〜49,000円：2.0% ５万円以上：1.5%	１ヵ月の積立金額が １万円未満：3.1% １万円以上：2.6%	2.2%	1.65%	2.75%
金・宝石への交換	金：○ 宝石：○	金：○ 宝石：○	金：○ 宝石：×	金：× 宝石：×	金：○ 宝石：×

月1,000〜3,000円程度から積立購入可能
希望すれば実物の金や宝石に交換できる！

9 【コア資産向き】不動産投資

投資用不動産を購入して、家賃収入などの利益を得るのが不動産投資です。近年は金利がとても低く、金融機関も積極的に融資してくれるため、会社員の方でもスタート可能です。不動産投資は、フリーランスの方よりも、一般企業に勤めるサラリーマンや、公務員に向いています。融資が受けやすく、しかも有利な条件で融資を受けることができるからです。借りたお金で自分の資産を増やすレバレッジ効果を得られる効率のよい投資です。

おすすめは、**都心の単身世帯用のワンルームマンション**です。というのも、今後の東京の人口構成を見てみると、単身世帯が増加傾向にあるからです。

物件選びのポイントは、マイホームを選ぶ場合と視点を変えることです。マイホーム選びは自分の理想が優先されがちです。一方、投資用の物件を選ぶときは、安定的に居住者がつき、安定した家賃収入が長期的に入ることがポイントになります。自分が住みたい住宅かどうかは関係なく、賃貸としての需要があるのかどうかを考えましょう。長期にわたって次々に入居者が入るような物件を選ぶことが、安定した収益を得るための条件となるのです。

おすすめはワンルームマンション

自己資金がなくてもできる

中古物件

中古の家やマンションを購入

・価格が安く利回りが高い
・価格のメリットが大きく、その分利回りも高い
・すでに賃貸されていれば周辺の需要や環境などの状況も把握しやすい

ワンルームマンション

マンションの一室だけを購入

・今後世帯数は減少するが、単身世帯は増加する
・単身世帯向け・高齢者向けのワンルームの需要が見込める

投資用不動産選びのポイント

【マイホーム選び】
自分の理想を追求すればいいが…

賃貸需要があるか

【投資用の物件選び】
安定的に入居者が入り
安定した家賃収入が
長期的に入ることがポイント

**あこがれの大家さんになるチャンス！
レバレッジ効果もはたらく**

10 不動産投資で重要なのは業者選び

不動産投資は長期間にわたって行うものなので、**長く付き合える業者を選ぶことが重要**です。

不動産業者は、信頼できるかはもちろん、購入後のケアをしてくれるかどうかが重要です。また、随時質問できるかどうか、適切な情報提供があるかどうかもポイントです。大手なら安心というイメージがありますが、地域に密着した不動産業者も、その地域に特化した幅広い人脈や情報を持っているので、大手が良いとも限りません。

賃貸管理会社選びも重要です。空室、滞納、入居者トラブルといったリスクをどれだけ低減できるかは、賃貸管理会社次第です。空室が発生した場合でも、間をあけずに入居者を決めてくれる・家賃の滞納が発生した場合、適切かつ迅速に滞納家賃を回収してくれる・入居者からのクレーム対応もしっかりしてくれる等の会社を選ぶことが大切です。

良い不動産業者や賃貸管理会社を選ぶポイントは左にまとめました。不動産投資サークルで仲間を作ったり、不動産投資に詳しいファイナンシャルプランナーに相談したりするのがおすすめです。一人で取り組むよりもはるかに多くの有益な情報が入ってくるようになります。

良い業者選びが大切

良い不動産会社を選ぶポイント

- 営業マンとの相性はどうか
- 長く不動産業を営んでいるか
- 投資エリアが決まっているなら地域密着型

不動産業者は地域との関係が強い。長く不動産業を営む業者ほど、強い人脈があり、良い物件が回ってくる可能性が高い

良い賃貸管理会社のポイント

- 賃貸付けを得意としている
- 気軽に相談でき、自分との相性が良い
- 友人・知人の紹介や口コミなどで評判が良い

業者との取引は担当営業マンが窓口となる。長くやり取りする以上、ストレスなくやり取りできることなども大切

良質な投資物件を見つけるには

- 不動産投資仲間をつくる
- 不動産投資に詳しいファイナンシャルプランナーを探す

よい不動産業者や管理会社にはよい物件が集まりやすい。なるべく不動産投資のセミナーなどに参加しよう。良いオーナーたちと知り合いになると有益な情報を得やすい

先人たちの知恵を借りることで成功への近道を探そう

11 サテライト資産の中心は株式投資

会社の事業には、多額のお金が必要です。それを集めるために会社が発行する株を売買してお金を稼ぐことを株式投資といいます。株式は銀行では購入できず、証券会社でしか購入できないので、証券会社に口座を開設する必要があります（166ページ参照）。

株式投資には3つの利益があります。買ったときより値上がりしてから売れば、値上がりした金額分が**売却益**となります。次に、株を持っていることで受け取れる利益を**配当金**といいます。受け取れる配当金の額は、毎年の業績をもとに会社が決めます。株を多く持っているほど金額も多くなります。そして最後に、株主に渡すプレゼントのような**株主優待**です。各社の商品や商品券など、お得なグッズを配布してくれる会社もたくさんあります。

株式投資にはもちろんリスクがあります。先に説明した投資信託とは違って、値動きは大きいので儲かる可能性は高くなる一方、損をする可能性も高くなります。さらには、会社が倒産して一気に価値がなくなる場合もあるわけです。しかし、自分の応援する会社が成長する姿を見られて、利益まで得られるという点で、他にはない醍醐味がある投資だといえます。

株式投資の3つの利益

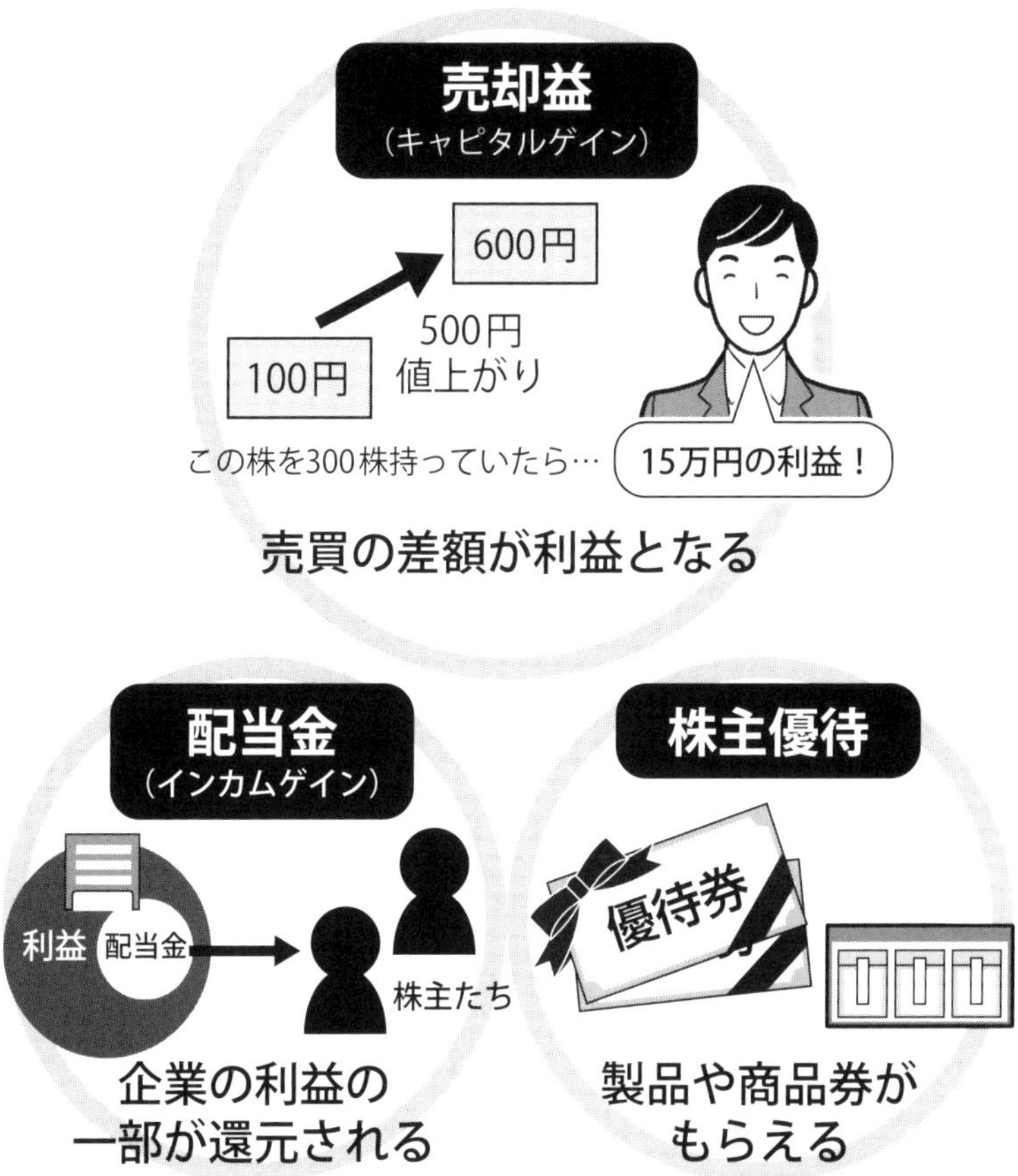

株主になることで
企業の成長を応援しながら
3つの利益が受け取れる！

12 値上がりする株を見極めるコツ

値上がりする株を見極めるには、**10年後、20年後も必要であり続ける業界かどうか**を考えるのがポイントです。健康・医療・介護・美容・セキュリティといった分野は、変わらず需要があり続けるでしょう。

投資する際には、会社の「業績（売上・利益）」がきちんと伸びているかチェックしましょう。売上は商品やサービスを売って得た収入です。そして利益は売上からさまざまな費用を引いて算出した儲けです。利益については、売上から人件費や材料費などの経費を差し引いた「営業利益」と、そこから普段の活動の損益を加減して計算した「経常利益」を確認しましょう。売上・営業利益・経常利益が安定もしくは上昇傾向なら、株価の爆上げも期待できます。さらに、最終的な利益である「純利益」や、そこから算出されるＥＰＳ（一株当たり純利益）も、投資の参考にできます。

また、身近にも投資のヒントは隠れています。たとえば、どこよりも早く新商品が並ぶコンビニは情報の宝庫です。面白い商品を見つけたら、いち早く試してみましょう。周りの人も絶賛する商品なら全国規模でブームになるかもしれません。そうした商品を作る会社が狙い目というわけです。

値上がりする株のチェックポイント

チェックポイント ① 売上や利益が順調に伸びているか

- □ **売上**　…会社が商品やサービスを売って得た収入の合計額
- □ **営業利益**　…本業で稼いだ利益
- □ **経常利益**　…営業利益＋本業以外で稼いだ利益

チェックポイント ② 純利益・１株当たり純利益

- □ **純利益**　…税金を支払った後の最終的な利益
　→会社が株主に還元する
　配当金が増える（増配）期待
- □ **１株当あたり純利益（EPS）**　…純利益÷発行済株式数
　→多いほど値上がりが
　期待できる

チェックポイント ③ 身の回りのヒント

テレビＣＭ
YouTubeの広告
電車の中吊り広告
コンビニの新商品
よく読む雑誌
など

**売上、利益ともに安定しているか
上昇傾向にあるなら◎**

13 【サテライト資産向き】ＦＸ（外国為替証拠金取引）

ＦＸは、円・ドル・ユーロといった**通貨の売買をして利益を狙う投資**です。たとえば、為替レートが１００円のときに1ドルを買って、１１０円になったときに売って円に戻せば、差額の10円が利益になります。１１０円のときに先に売って、１００円になったら買い戻すことでも利益が出せます。つまり、為替レートが上昇しても下落しても、利益を出すチャンスがあるということです。

ＦＸの代名詞といえるのが**「レバレッジ」**です。投資資金の元となる証拠金をＦＸ会社に預けることで、証拠金の最大25倍の金額を投資できるようになります。この仕組みにより、資金が少額でも大きなリターンを狙える反面、損失も大きくなるというわけです。とはいえ、レバレッジの倍率は、預ける証拠金の金額や取引する通貨の量で調整できますので、無理のない範囲で設定すれば問題ありません。また、金利の高い通貨を買って持っていると「スワップポイント」を毎日受け取れます。これは銀行の外貨預金で付与される金利よりも有利です。しかも、日本円は金利がとても低いので、外国の通貨を買えばスワップポイントがもらいやすい状態です。平日はほぼ24時間取引可能で、スマホの取引アプリも充実しているので、ちょっとした隙間時間にできるのもメリットのひとつです。

為替の値動きで運用益を狙う

ＦＸの利益のイメージ

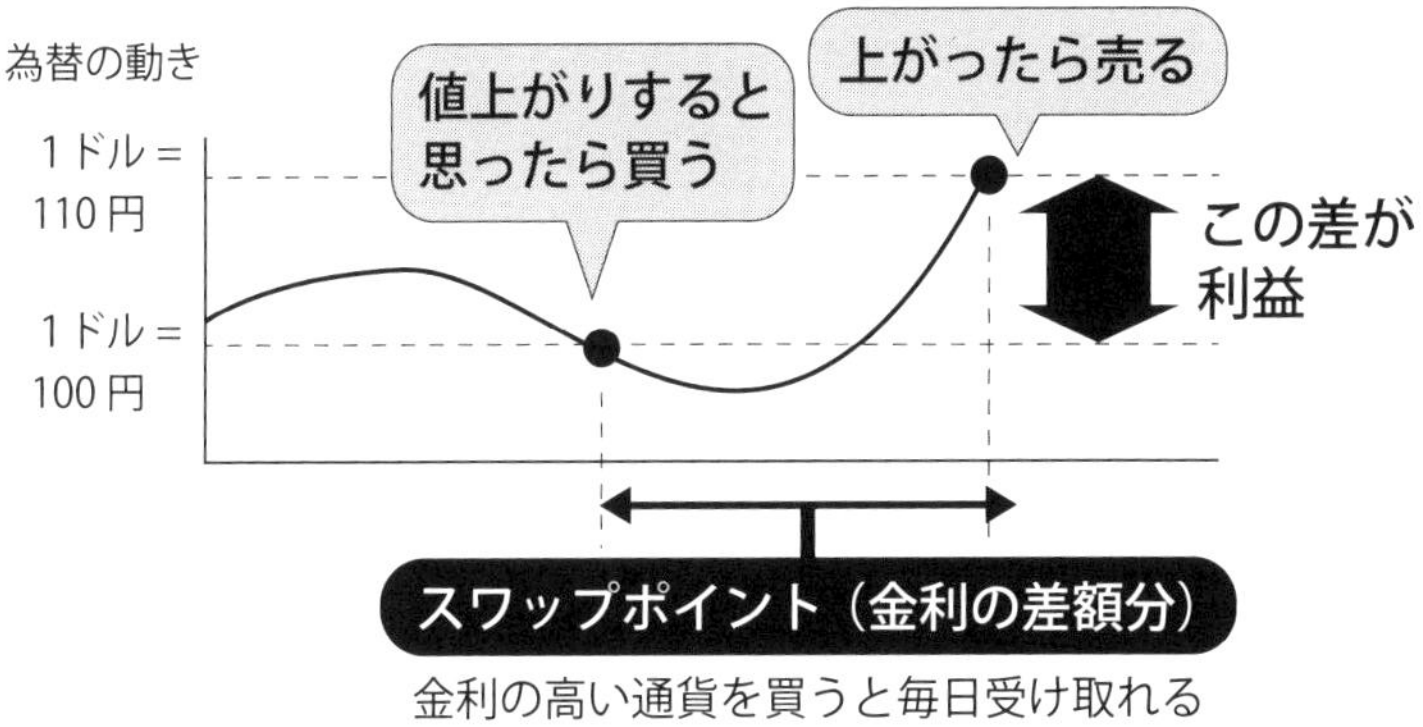

資金効率を上げるレバレッジ

1ドル＝100円 ▶ 1ドル＝110円になったら…

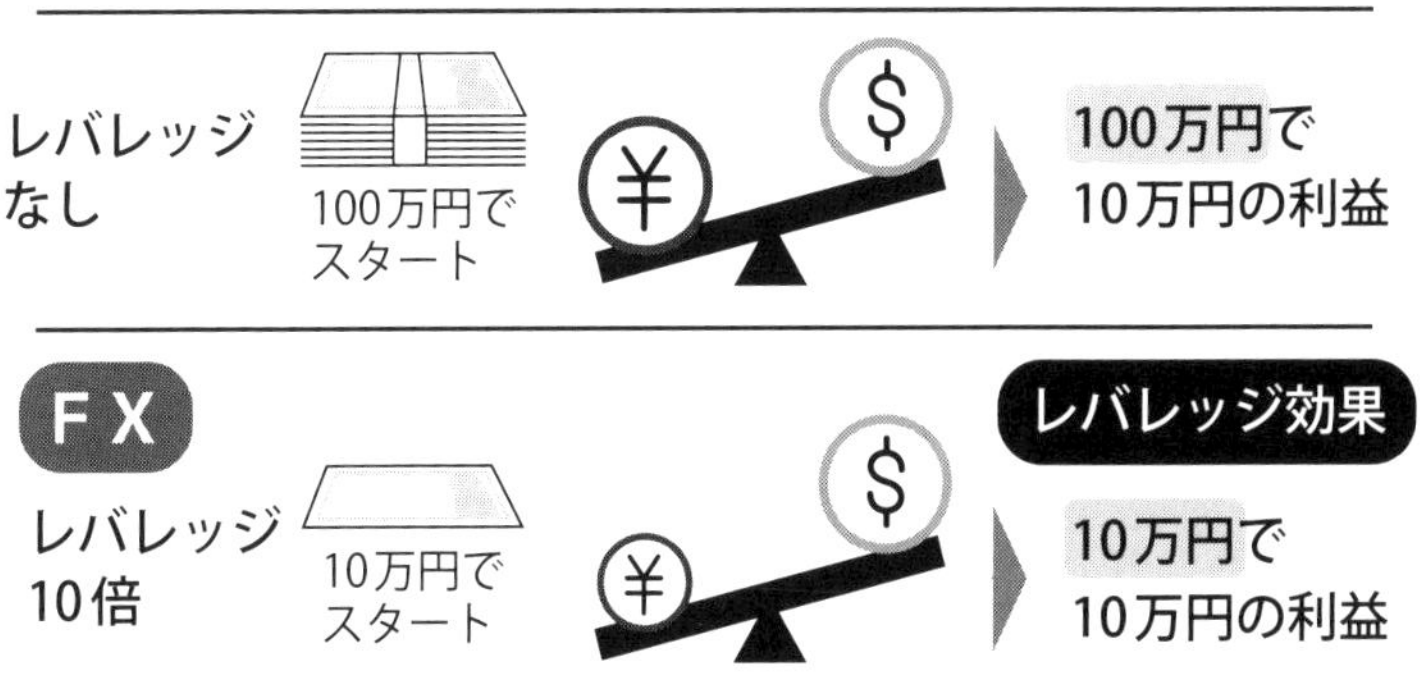

ＦＸではレバレッジによって利益を大きくできるが損失も大きくなる

14 積立ＦＸでリスクを抑えて取引する

為替レートのちょっとした値動きで大損することを防ぎながら、スワップポイントを受け取り、安い手数料でＦＸをするには、レバレッジを抑えて積立投資をするのが有効です。

ＳＢＩ証券やＳＢＩ ＦＸトレードでは、「積立ＦＸ」というＦＸの積立サービスを提供していま す。積立ＦＸでは、レバレッジを１～３倍に抑えて、少額からコツコツと外貨を購入する積立投資ができます。

おすすめの通貨ペア（通貨の組み合わせ）は米ドル／円と、豪ドル／円の２つです。米ドルは世界中で決済通貨として使われるなど信頼性が高い上、日々のニュースで情報を得る機会が多いからです。また豪ドルは、スワップポイント狙いの高金利通貨としてよく買われます。

ＦＸは極端なやり方をするとリスクがとても大きくなってしまいます。**自分のルールを決めて、それに厳格に従って取引しましょう。** たとえば、左の図のように、取引する方向や時間帯で決めることで、値動きをつかみやすくなります。また、大損する前に損切りすれば、次のチャンスも狙えます。

ＦＸでも積立ができる

おすすめの２つの通貨ペア

米ドル／円（USD/JPY）

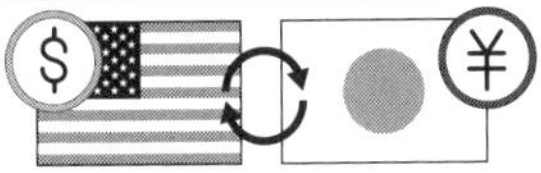

・世界中で決済通貨として利用
・ＦＸの取引高が多い
・信頼性が高い
・ニュースが多く身近に感じられる

豪ドル／円（AUD/JPY）

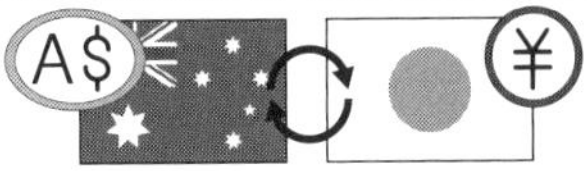

・高金利通貨として有名
・情報が多く発信されている
・資源の大口輸出先である
・中国の影響を受けやすい

値動きが分かりやすく積立に向いている

初心者のためのＦＸのルール例

慣れるまでは順張りトレードに徹する	相場の動きと同じ方向に売買するのが「順張り」、反対の方向に売買するのが「逆張り」。逆張りの方が利益は高くなる可能性が高いが、失敗するリスクも高い。
慣れるまでは為替が最も動く時間帯のみトレードする	日本時間の午後９時半～11時になるとニューヨーク市場が開き、参加者が一気に増加する。値動きが活発な時間帯にトレードをする方が成功しやすい。
レバレッジは３倍まで	ＦＸではレバレッジが25倍までかけられる。25倍にした場合、利益が25倍になる反面、損失も25倍になるので、失敗した時の痛手が大きい。無理なレバレッジはかけない。
10%下落したら売る	損失が出たときに、そのままにしておくと傷口がどんどん広がってしまう可能性がある。早めに損切りすれば、次のチャンスを狙うことができる。

リスクコントロールがＦＸの最重要ポイント

15 【サテライト資産向き】ソーシャルレンディング

ソーシャルレンディングという言葉には耳なじみがないかもしれませんが、クラウドファンディングなら聞いたことがある人が多いかもしれません。ソーシャルレンディングはクラウドファンディングの形態のひとつです。あらかじめ決められた期間（6ヵ月〜2年程度）お金を貸し、運用期間が終わったら元本と金利を受け取ります。メリットは**金利が高い**こと。投資先によっては2〜10％といった高い金利が期待できます。主な投資先は、不動産開発、自然エネルギー開発などです。

株式投資やFXなどのように、途中で値動きすること（価格変動リスク）もないので、いったん買えばあとは運用期間が終わるのを待つだけです。売買のタイミングを計ったり、投資先の情報収集を追加でしたりする必要もありません。

ただしデメリットとして、元本保証はなく、中途換金もできません。投資した案件がうまくいかなかった場合は、元本が減ったり、金利が少なくなったりする可能性もあります。

金利の高さは魅力ですが、あくまでサテライト部分の投資だと考え、資産の一部分で運用するのがいいでしょう。

高金利が期待できる投資

ソーシャルレンディングのしくみ

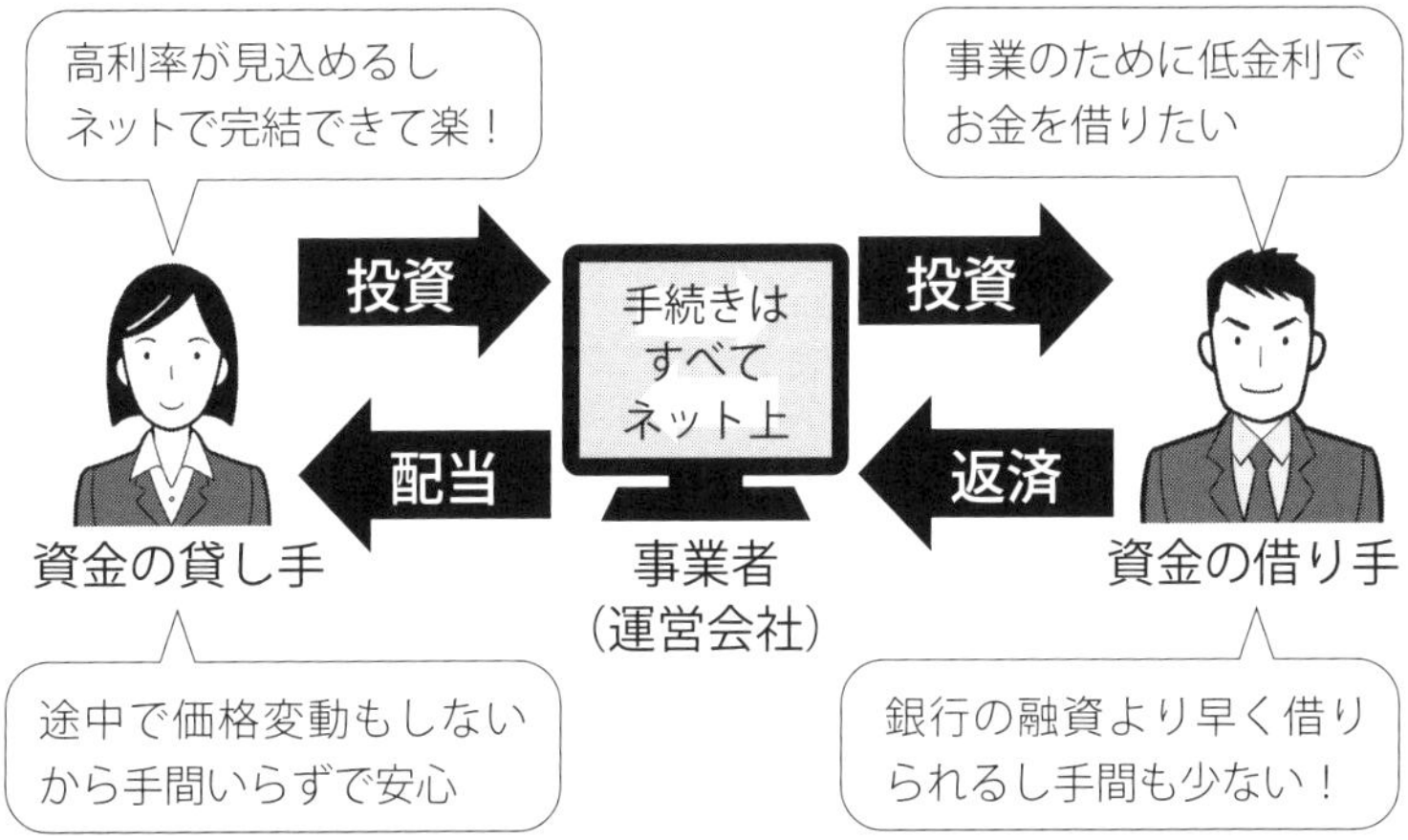

おすすめのサービス

Funds
https://funds.jp/

最低投資金額は１円から。主に不動産や飲食業など上場企業に投資。手数料は全てゼロ。

クラウドクレジット
https://crowdcredit.jp/

最低投資金額は１万円から。主に新興国などの海外事業に投資。運用手数料は1.5~3.5%。

少額からできて、高い金利が望め、運用の手間もかからないお得なサービス

16 【サテライト資産向き】仮想通貨（暗号資産）

2016年から2018年にかけて、仮想通貨（暗号資産）が投機的な盛り上がりを見せましたが、その後も定期的に注目を集めています。

仮想通貨は少額から購入できます。とはいえ、投資は総資産の1割以下で行うようにしましょう。株などの他の投資では資産がゼロになる事態はそうそうありませんが、仮想通貨は**種類によっては「0か1かの世界」**。投じた元金がまるまるすべてなくなってしまう可能性が極めて高いのです。

ただ、余剰資金で行うという原則さえ守れば、仮想通貨はマスコミが騒ぐほど危険ではありません。初心者が始めるなら、最初は少額積み立ての方が値動きも小さいのでいいでしょう。少額の積立投資は比較的利益も出やすいですし、儲かると投資が楽しいという気持ちが生まれてきます。こうした成功体験を得ることは大切なことです。

仮想通貨は3000種類以上とたくさんありますが、投資を考えるならば左記の3種類がおすすめです。いずれも時価総額が大きく、有名企業や金融機関との提携も多いからです。今後、日常で使われる場面が増えれば、少しずつ値上がりしていくでしょう。

手に入れるべき仮想通貨

	ビットコイン	イーサリアム	リップル
発行年月	2009年1月3日	2015年7月1日	2012年
最大通貨発行量	2,100万枚	なし	1,000億XRP
承認時間	10分	約15秒	約4秒
通貨の特徴	個人間の送金を安く素早く行うために生まれた通貨	ブロックチェーンを用いたアプリケーションをつくるためのプラットフォーム	国際送金に特化したネットワーク
良い点	・仮想通貨のパイオニアで時価総額が最も高く一番普及している ・採掘（マイニング）できる ・個人間で直接送金できる ・決済に使える店舗が最も多い	・ポストビットコインと呼ばれており、大企業からの出資が多い ・スマートコントラクトという自動送金の仕組みが注目を集める	・承認時間がとても早く、国際決済に向いている ・大企業との提携が多いので、実用性が高いと見られている
悪い点	・決済のスピードが10分と遅い ・容量が小さいために、取引量の増加によって遅延が生じやすい	システムが難解で、技術者でも理解して使いこなすのが大変	中央集権型の仮想通貨（取引の承認をリップル社が手がけている）なので、リップル社の倒産リスクがある

仮想通貨への投資はリスクが高いので
総資産の１割以下で行おう

おわりに

本書をここまでお読みくださりありがとうございました。
本書のコンセプト「ゼロからはじめて2時間で一生困らないマネープランを作れる本」のとおり、知識ゼロの方でも理解でき、次に何をすれば良いのかをできる限りやさしく解説することを心がけました。

書店に行けば、マネー本がたくさんありますし、インターネット上にはマネー記事がたくさんあります。私たちは、膨大な情報の中から有用な情報を探しだし、その情報を正確に処理する力が求められています。そしてその情報をもとに正解のない問題を解決する力も同様に求められています。

膨大な情報の中から有用な情報を探すひとつの手としては、情報を発信する人が、どういった経歴なのか、どういった実績があるのか、どういった背景や根拠で言っているのか、実際に投資などの行動をしているのかという点に注目することです。
たとえば、実際に投資をしている人から見れば、投資をしていない人の情報は、いかに上っ面な情報か一目瞭然です。

おわりに

本書を読んで、次の一歩を歩まれた方は、立派なマネーの賢人です。お金と向き合い実際に行動すると、今まで素通りしていた情報が頭に入ってくるようになりますし、自分の経験を踏まえながら、情報を取捨選択できるようになると思います。

本書は、読者自身の力でマネープランの策定や資産形成の実行ができるように作り上げましたが、読者の中には、「自分にあった保険や資産形成を知りたい」「無理なく住宅ローンを組む方法を知りたい」など、お金に関してアドバイスを受けたい、学びたいという方はたくさんいることでしょう。

そんなときにぜひ活用していただきたいのが、プロの力です。お金は一生を通じてつきあうもの。その時々で必要な知識や手段は変化します。ご自身でも勉強することは必要ですが、必要に応じてプロから適切なアドバイスを受けることができれば、時間も節約することができる上に、結果も早くでます。「結果にコミット」というダイエットで有名な某ジムが成功した秘訣は、一緒になって管理・提案してくれるトレーナーがいるからです。

弊社を頼ってきていただければ嬉しいです。有料になってしまいますが、個別相談を行っていますし、定期的にセミナーも行なっています。

また、弊社では、Webメディア「Ｍｏｃｈａ（モカ）」(https://fpcafe.jp/mocha)、YouTubeチャンネル「Money&You TV」、Ｐｏｄｃａｓｔ「マネラジ。」など無料でご利用できるサービスも運営しています。

Ｍｏｃｈａは月２５０万ＰＶ・２００万ＵＵで、スマートニュースやＬＩＮＥニュースなどにも配信しています。お金の旬なネタから投資まで幅広く発信しています。

Money&You TVは、お金にまつわるアレコレを楽しく紹介するチャンネルです。「株主優待はどんなものがもらえる？ 1株だけで優待がもらえる全14銘柄を紹介！」「つみたてＮＩＳＡを始めて初の大暴落！ 今後やるべきこと、やってはいけないこと」「50代独身の貯蓄額は54万円。平均値では決してわからない貯蓄額の実態」などが人気コンテンツになっています。

マネラジ。は、Ｐｏｄｃａｓｔ登録者が3万人超で、お金やキャリアをテーマにゆるーく話しているラジオ番組です。基本は頼藤太希と高山一恵の二人がゆるーくトークを繰り広げていますが、時々豪華ゲストを呼んでお話をしています。

以上、気になった方は是非遊びに来てください。

おわりに

本書を読んで終わりにするのではなく、継続的に情報収集をして、行動し続けましょう。

毎日の積み重ねが将来を形作ります。今やるか、後でやるか。続けるか、続けないか。最後にみなさんに私が大好きな言葉を贈ります。ドイツの文豪ゲーテの言葉です。

願っているだけでは十分ではない、行動せよ。
知っているだけでは十分ではない、実行せよ。

本書を執筆するにあたり、編集をご担当いただいた彩図社の柴田智美さん、編集のサポートをしてくれた畠山憲一さんには心から感謝いたします。また、いつも私を支えてくれている株式会社 Money&You のメンバー、仕事仲間、家族、友人、知人にもこの場を借りてお礼を申し上げます。

本書が、皆様のお役に立つことを心より願っています。

２０２０年９月吉日　頼藤太希

【著者紹介】

頼藤太希（よりふじ・たいき）

（株）Money & You代表取締役。中央大学客員講師。慶應義塾大学経済学部卒業後、アメリカンファミリー生命保険会社にて資産運用リスク管理業務に従事。2015年に（株）Money & Youを創業し、現職へ。女性向けWebメディア『FP Cafe』や『Mocha（モカ）』を運営。『入門 仮想通貨のしくみ』（日本実業出版社）、『投資信託 勝ちたいならこの7本！』（河出書房新社）など著書多数。日本証券アナリスト協会検定会員、ファイナンシャルプランナー（AFP）。

twitter→@yorifujitaiki

高山一恵（たかやま・かずえ）

（株）Money & You取締役。慶應義塾大学文学部卒業。2005年に女性向けFPオフィス、株式会社エフピーウーマンを創業、10年間取締役を務め退任。その後、現職へ。全国で講演活動、メディアで執筆活動、相談業務を行ない、女性の人生に不可欠なお金の知識を伝えている。『税制優遇のおいしいいただき方』（きんざい）、『35歳までにぜったい知っておきたいお金のきほん』（アスペクト）など著書多数。ファイナンシャルプランナー（CFP）。

twitter→@takayamakazue

ゼロから始めて２時間で一生困らないマネープランができる本

2020年10月22日第一刷

著者　頼藤太希
　　　高山一恵
編者　畠山憲一
イラスト　こだまたまこ
発行人　山田有司
発行所　株式会社彩図社
　　　東京都豊島区南大塚3-24-4
　　　MTビル〒170-0005
　　　TEL：03-5985-8213　FAX：03-5985-8224
印刷所　シナノ印刷株式会社
URL　https://www.saiz.co.jp
　　　https://twitter.com/saiz_sha

ISBN978-4-8013-0474-1 C0033